La religion

18

1 LA RELIGION COMME FAIT SOCIAL UNIVERSEL

● La religion est d'abord un phénomène social organisé qui semble, selon **H. Bergson**, être commun à toutes les sociétés humaines. Elle est ainsi à la fois *religio,* lien, et *religiosus*, soin particulier à faire quelque chose, ce qui renvoie à l'idée de déférence devant le divin.

● Sous cet angle, la religion assure la permanence de dogmes, le respect de règles de conduite, et d'un culte (liturgie, cérémonies, rites) impliquant une unité spirituelle entre ses membres et le divin.

2 RELIGION ET MYSTICISME

● Selon **É. Benveniste**, « religion » pourrait également provenir du latin *re-legere* signifiant « relire », « revoir avec soin », « redoubler d'attention et d'application », ce qui renvoie davantage à une forme de sagesse, un mode de vie éclairée par une éthique.

● Aussi la religion est-elle aussi une expérience personnelle. Cette seconde signification amène **H. Bergson** à penser le mysticisme comme antérieur à l'organisation structurée des religions monothéistes, les mystiques étant pour lui des modèles pour pratiquants.

3 LA CROYANCE EN UNE RÉALITÉ ABSOLUE

● Les périodes de rite impliquent un temps et un espace spécifiques (autels, temples pour les offrandes par exemple), qui se distinguent du temps et de l'espace profanes. En tant qu'acte de commémoration d'un événement originel (baptême par exemple), le rite symbolise les grandes étapes de la vie d'un homme et d'une communauté (naissance, entrée dans l'âge adulte, mort).

● Le sentiment religieux est à distinguer des croyances. Conceptualisé par le théologien **R. Otto** dans *Le Sacré* sous le terme de numineux (*numen*, la divinité), il s'agit d'une pure émotion supposant une situation d'effroi face à une puissance cosmique, invisible et dominatrice (*mysterium tremendu*), qui engendre malgré tout adoration et vénération (*mysterium fascinans*).

● La croyance en Dieu s'appuie ainsi sur trois composantes : la fascination pour un absolu inaccessible, la crainte du jugement divin et le respect de la toute-puissance divine.

4 L'EXISTENCE DE DIEU

● L'organisation parfaite du vivant aurait été créée d'après une intentionnalité ordonnatrice, une cause intelligente : Dieu. Pour **Voltaire**, la présence du mal sous ses formes physique et morale remet en cause cette intentionnalité.

● La contingence de l'Univers, qui, à première vue, ne possède aucune raison d'être, ne nous permet pas d'en saisir la cause. C'est pourquoi, **Thomas d'Aquin** affirme que la cause première ne peut être que Dieu, car selon lui, seule une première cause nécessaire et inconditionnée peut expliquer ce qui paraît contingent.

● La preuve ontologique de l'existence de Dieu, d'abord développée par **Saint Anselme**, est reprise par **R. Descartes** dans la cinquième des *Méditations Métaphysiques*. L'idée de perfection ne peut venir que d'un être ayant toutes les qualités de bonté, puissance, immortalité. L'existence de Dieu est donc nécessairement comprise dans son essence ou définition. Selon **E. Kant**, cette preuve est illégitime, car l'existence ne peut se déduire d'une idée et un être parfait ne sera jamais aussi véritable que de le voir se tenir devant soi.

5 LA CROYANCE : UNE ILLUSION

● Pour **B. Pascal**, l'existence de Dieu ne se prouve pas mais s'éprouve. Sans Dieu, l'existence est absurde. La mort, par exemple, est un phénomène auquel seule la destinée humaine et l'immortalité de l'âme donnent un sens. **Voltaire** estime cyniquement que si « Dieu n'existait pas, il faudrait l'inventer » pour s'assurer du respect de la morale et des lois. Pour **S. Freud**, ce besoin de croire permet de lutter contre la dureté de la vie et la crainte de la mort. Pour **K. Marx**, « la religion est l'opium du peuple » lui permettant de supporter sa condition sociale.

● **L. Feuerbach** montre que par sa foi en Dieu, l'homme abaisse ses propres capacités, les propriétés divines (toute puissance, bonté, etc.) n'étant que des qualités humaines.

● **F. Nietzsche**, enfin, lorsqu'il déclare dans le Gai savoir que « Dieu est mort », affirme que l'idéal pour l'homme est de se suffire à lui-même et non d'inventer une réalité fictionnelle l'empêchant d'accomplir son humanité.

En perspectives

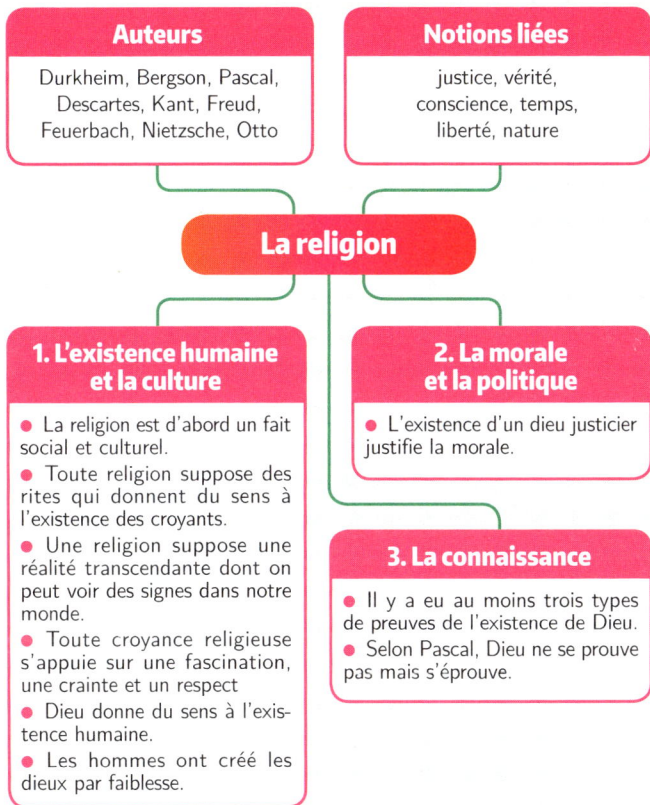

19

Auteurs	Notions liées
Durkheim, Bergson, Pascal, Descartes, Kant, Freud, Feuerbach, Nietzsche, Otto	justice, vérité, conscience, temps, liberté, nature

La religion

1. L'existence humaine et la culture

● La religion est d'abord un fait social et culturel.
● Toute religion suppose des rites qui donnent du sens à l'existence des croyants.
● Une religion suppose une réalité transcendante dont on peut voir des signes dans notre monde.
● Toute croyance religieuse s'appuie sur une fascination, une crainte et un respect
● Dieu donne du sens à l'existence humaine.
● Les hommes ont créé les dieux par faiblesse.

2. La morale et la politique

● L'existence d'un dieu justicier justifie la morale.

3. La connaissance

● Il y a eu au moins trois types de preuves de l'existence de Dieu.
● Selon Pascal, Dieu ne se prouve pas mais s'éprouve.

Pour réussir le jour J !

Œuvres

● Durkheim, *Les formes élémentaires de la vie religieuse*, 1912.
Dans cet ouvrage, Durkheim réalise une description objective des pratiques religieuses. Il démontre que toute religion crée une cohésion au sein de la société.

● Kant, *La religion dans les limites de la simple raison*, 1793.
Cet ouvrage aborde le concept de religion dite « naturelle », à savoir une religion rationnelle et raisonnable. Cette dernière serait fondée sur la raison : il s'agirait d'une foi choisie librement par l'homme, en adéquation avec ses valeurs morales.

● Spinoza, *L'Éthique*, 1677.
Dans cet ouvrage, Spinoza soustrait tous attributs anthropomorphiques à Dieu, qu'il considère davantage comme étant une substance infinie désignant l'ensemble du réel (de tout ce qui est contenu dans la nature). Il s'agit d'une approche panthéiste du divin, une doctrine associant Dieu à la totalité du réel.

Vocabulaire

● **Foi et superstition** : dans la philosophie classique, la foi (du grec *pistis* et du latin *fides*) signifie « avoir confiance » et ne possède pas nécessairement une connotation religieuse. Chez Platon, la foi permet d'avoir accès à une certaine réalité du monde.

● **Monothéisme et polythéisme** : une religion monothéiste défend l'existence d'un seul Dieu souverain, tandis que les religions polythéistes soutiennent l'existence de plusieurs dieux.

● **Profane et sacré** : dans toutes les religions le domaine du sacré est celui lié au divin et qui transcende notre monde profane, dans lequel il a le pouvoir de se manifester.

● **Hérésie et orthodoxie** : une opinion orthodoxe est une opinion droite ou juste, à savoir qui ne déroge pas à la règle officielle d'une religion ou à ce qu'elle prétend être vrai. L'hérétique ou l'hétérodoxe est précisément celui qui soutient une autre opinion.

● **Herméneutique** : c'est une science qui a pour objet l'exégèse (l'interprétation des textes religieux) et qui peut être considérée comme une méthode efficace pour accéder au sens multiples que peut revêtir un texte religieux, afin de ne pas se contenter d'une première lecture naïve.

LA RELIGION

1 Quelles sont les premières marques de religiosité ?
- ○ **a.** Les églises.
- ○ **b.** Les monastères.
- ○ **c.** Les sépultures mortuaires.

2 Outre la fascination et le respect, quelle est la composante de la croyance en Dieu ?
- ○ **a.** L'amour.
- ○ **b.** La crainte.
- ○ **c.** La charité.

3 Quel nom a-t-on donné à la preuve de l'existence de Dieu développée par St Anselme ?
- ○ **a.** Mathématique.
- ○ **b.** Ontologique.
- ○ **c.** Causale.

4 Selon Pascal, Dieu ne se prouve pas mais ... :
- ○ **a.** se conçoit.
- ○ **b.** s'invente.
- ○ **c.** s'éprouve.

5 Pour respecter les lois morales et civiles, les hommes ont besoin d'un Dieu :
- ○ **a.** justicier.
- ○ **b.** vengeur.
- ○ **c.** charitable.

6 Selon Freud, qui Dieu remplace-t-il ?
- ○ **a.** La famille.
- ○ **b.** Le père.
- ○ **c.** Le juge.

Corrigés au verso

1 > c. Outre des activités culturelles, les premières marques d'un rapport avec une transcendance sont selon les préhistoriens les restes de rites funéraires. Cela signifie que la mort n'était pas comprise seulement comme un phénomène naturel et que les vivants avaient le désir de la relier à une entité supérieure lui donnant une signification spirituelle.

2 > b. Le dieu auquel on croit n'est pas seulement une entité abstraite mais il est omniscient, transcendant, il voit donc tout et n'a pas de limites temporelles. Il est surtout capable d'agir non seulement dans le monde terrestre, mais de juger les hommes après leur mort, en punissant les fautes qu'ils auront commises au cours de leur vie. La crainte de Dieu est celle de son jugement qui oblige chaque croyant à respecter ses commandements.

3 > b. À côté de la preuve physico-théologique et de la preuve cosmologique, la preuve ontologique développée par St Anselme (XIe s.) repose sur l'idée qu'on peut prouver a priori l'existence de Dieu à partir seulement de son essence ou de son concept. En s'appuyant sur sa définition qui implique sa perfection, Anselme aboutit alors logiquement et nécessairement à l'existence de Dieu. Or, d'abord Kant et ensuite tout un courant existentialiste montreront que l'existence n'est pas un concept et qu'on ne peut la démontrer puisqu'elle ajoute quelque chose d'imprévisible à la réalité. Ce n'est pas parce qu'une chose est conceptuellement possible qu'elle existe réellement.

4 > c. Pascal montrera la vanité d'une preuve théorique de l'existence de Dieu et donc aussi de sa remise en cause. En effet, la foi en un Dieu tout-puissant relève d'une expérience existentielle personnelle qui se suffit à elle-même et donne du sens à la vie.

5 > a. Comme Platon en son temps le montrait grâce au mythe de Gygès, les hommes ne sont pas d'emblée bons. La croyance en un Dieu justicier les obligera à respecter les valeurs essentielles car si la justice humaine est parfois faible ou aveugle celle de Dieu est infaillible.

6 > b. Les hommes se sentent souvent faibles ou impuissants devant leur destin et ont l'impression d'être seuls pour subir toutes les difficultés de l'existence. Dieu est alors, pour Freud, une sorte de père protecteur qui rassure et permet de supporter tous les malheurs que l'on rencontre dans sa vie en leur donnant un sens. Les prières adressées à son dieu seraient même selon Alain des demandes infantiles et égoïstes d'aide et de protection paternelles lorsqu'on se sent fragile ou désespérée.

1 DE LA NATURE À L'ILLUSION NATURALISTE

● Pour **Aristote**, la nature (*phusis* en grec) désigne en premier lieu la poussée des plantes et est un principe de mouvement et de repos.

● **Lucrèce** pensait que les lois physiques permettaient de comprendre la réalité. Pour **Descartes**, la nature s'organise selon un mécanisme technique dont Dieu, ayant fixé les lois, est l'artisan parfait, seul l'homme ayant la capacité de les comprendre et de la maîtriser.

● Selon les théories comportementalistes tout comportement n'est que réaction à une stimulation extérieure pouvant être conditionnée. Un auteur propose même une éducation fondée sur le conditionnement du comportement. Pour qu'un enfant apprenne les valeurs de sa communauté, on va les lui faire aimer grâce à des récompenses.

À savoir

L'expérience du chien de Pavlov : le médecin et psychologue Ivan Pavlov associe de façon systématique le repas d'un chien à un signal sonore. Il constate alors que le signal seul suffit à provoquer la salivation de l'animal, même s'il n'est pas suivi d'un repas. Il en conclut qu'il a conditionné la salivation.

● La nature n'est cependant pas une norme satisfaisante pour penser le comportement humain. Les stoïciens rappellent que l'usage de notre raison nous permet d'exercer librement notre jugement. Par ailleurs, la tendance anthropomorphique à comparer qualités humaines et comportements animaux n'est pas pertinente épistémologiquement.

2 UNE NATURE IDÉALISÉE

● L'éloge de la nature provient souvent de la nostalgie illusoire d'une nature dans laquelle l'homme aurait vécu heureux sans artifice. Or, le retour à la nature conduit à découvrir une ancienne culture cachée: les vestiges du travail, de la technique, des activités humaines. Ainsi, la campagne est le résultat historique de la culture des hommes.

● L'humanité ne peut se résumer au processus biologique. L'homme peut s'émanciper, voire se révolter contre sa nature, accédant aux sphères de la culture, du droit et de la moralité. La nature, au contraire, est amorale.

S'il est dans la nature du gros poisson de manger les petits, il le fait par instinct et non par une volonté de faire le mal (Spinoza).

3 UNE NATURE HUMAINE DÉFINITIVE ?

● Les théories racialistes du XIXᵉ siècle reposent sur la **distinction entre l'inné et l'acquis**. Par exemple, **A. de Gobineau** établit une corrélation entre le niveau de culture des peuples et le patrimoine génétique des individus ou races pour justifier l'inégalité entre les hommes et légitimer la domination de certains peuples. Cette théorie, immorale et erronée, suppose que les différences culturelles soient d'emblée des déficiences.

● Au XXᵉ siècle, des recherches ont montré que des enfants vivant dans un foyer familial violent subissent une altération de leur ADN. C'est leur vie sociale qui a déformé le génome de ces enfants et non celui-ci qui aurait déterminé irrémédiablement leur vie. Notre capacité universelle à donner du sens au monde ne s'actualise pas spontanément, elle a besoin pour s'épanouir du **support de la culture**.

Citation

« Comme tout organisme vivant, l'être humain est génétiquement programmé mais il est programmé pour apprendre. Tout un éventail de possibilités est offert par la nature au moment de la naissance. Ce qui est actualisé se construit peu à peu pendant la vie par l'interaction avec le milieu. » F. Jacob, *Le Jeu des possibles*.

4 DE LA NATURE À LA CULTURE

● Pour **J. J. Rousseau**, l'état de nature est une hypothèse permettant de poser le naturel et le culturel face à face, alors que dans la réalité ils sont imbriqués. La nature est un état d'**innocence** dans lequel l'homme n'est ni bon ni mauvais. Elle va servir de critère neutre pour juger l'évolution de l'homme et sa culture, qui est **artifice**, **désordre**, **violence**.

● En étudiant les structures des relations familiales, **C. Lévi-Strauss** montre qu'elles concernent à la fois des relations naturelles et culturelles. La prohibition de l'inceste est tout à fait remarquable pour comprendre cette **intrusion du culturel dans ce qui semble naturel**. La cause de cet interdit ne se situe pas dans l'instinct ni dans les dangers des croisements endogamiques, puisque l'homme dit primitif ignore les lois de la génétique moderne. La véritable raison est l'utilité première de l'échange entre les peuples. La prohibition de l'inceste, en instituant une règle, permet le passage de la nature à la culture en évitant le hasard de la nature.

a regarder

En perspectives

21

Auteurs

Aristote, Descartes,
Lucrèce, Laborit, Gobineau,
Rousseau, Lévi-Strauss

Notions liées

liberté, art,
technique,
science

La nature

1. L'existence humaine et la culture

- L'approche behavioriste considère que l'éducation peut être conditionnée.
- La nature n'a jamais été un paradis.
- La nature humaine est un ensemble de capacités s'actualisant différemment selon les cultures.
- La nature comme modèle théorique permet de comprendre l'évolution de l'homme et de sa culture (Rousseau).
- Les structures familiales sont à la fois naturelles et culturelles (Lévi-Strauss).

2. La morale et la politique

- La nature est amorale et le monde animal ne reconnaît aucune valeur.
- Les théories raciales sont à la fois fausses et dangereuses.

3. La connaissance

- Les êtres naturels ont le principe du mouvement et du repos (Aristote).
- La nature est organisée selon des lois physiques.
- On peut tenter de comprendre les êtres vivants par leur comportement.
- Une comparaison homme-animal n'est pas satisfaisante épistémologiquement.

Pour réussir le jour J !

Œuvres

● ARISTOTE, *Physique*.
La thématique de la nature est un sujet récurrent dans l'œuvre d'Aristote, il l'évoque sous des angles divers (art, morale, politique, technique, métaphysique, etc.), toutefois cet ouvrage apparaît comme fondateur, il permet, en effet, de justifier sa conception dans les autres domaines.

● LEVI-STRAUSS, *Race et histoire*, 1952.
Cet ouvrage rend accessible la pensée de l'auteur et illustre parfaitement la complémentarité de la nature et de la culture.

Vocabulaire

● **Artifice** : un artifice ou artéfact est tout ce qui n'est pas naturel, tout ce qui se situe entre l'homme et la nature et qui a été produit par l'homme.

● **Inné** et **acquis** : l'inné correspond à ce qui est donné à l'homme à sa naissance ; à l'inverse l'acquis concerne ce qu'il va acquérir au contact de la culture, par l'éducation et le travail notamment.

● **Anthropomorphisme** : c'est une tendance quasi naturelle à attribuer des qualités ou vertus humaines aux animaux (la méchanceté du requin, la gentillesse du dauphin, etc.) en leur prêtant des intentions qu'ils ne peuvent avoir. Si un requin en vient à attaquer un homme, c'est simplement par instinct.

● **Paradigme** : il s'agit d'un modèle théorique sur lequel on se propose de réfléchir parce qu'il semble conforme à ce que nous savons de la réalité. Si le paradigme ne permet pas de rendre compte de nouvelles observations ou de nouveaux savoirs, il sera remplacé.

● **Universel** et **relatif** : ce qui est universel est valable en tout lieu et de tout temps, alors que ce qui est relatif est par principe singulier et possède une portée plus limitée.

● **Prohibition de l'inceste** : c'est, selon Lévi-Strauss, une des règles fondamentales et universelles de toute culture humaine : elle s'est toujours imposée (même si, de fait, ce n'est pas toujours le même parent qui représente l'interdit) dans toutes les sociétés.

LA NATURE

1 Comment nomme-t-on cette tendance à attribuer des qualités humaines aux dieux et aux animaux ?
- ○ **a.** Zoologisme.
- ○ **b.** Anthropomorphisme.
- ○ **c.** Humanisme.

2 La nature est ... :
- ○ **a.** amorale.
- ○ **b.** mauvaise.
- ○ **c.** bonne.

3 Parmi d'autres, quelles sont les deux domaines fondamentaux inconnus des animaux ?
- ○ **a.** Morale.
- ○ **b.** Désir.
- ○ **c.** Droit.

4 La nature humaine est ... :
- ○ **a.** faite de potentialités.
- ○ **b.** complètement déterminée.
- ○ **c.** sans qualités.

5 Quel état n'a probablement jamais existé selon Rousseau et Hobbes ?
- ○ **a.** Paix.
- ○ **b.** Bonheur.
- ○ **c.** Nature.

6 Qu'est-ce qui, selon Lévi-Strauss, permet le passage de la nature vers la culture ?
- ○ **a.** L'intelligence.
- ○ **b.** La norme.
- ○ **c.** L'éducation.

Corrigés au verso

1 > **b.** La tendance est forte particulièrement dans nos rapports avec les animaux de leur attribuer des qualités ou propriétés humaines telles que la gentillesse, la méchanceté, l'intelligence ou encore la bonté. L'animal agit par instinct et si celui-ci peut être doux pour l'homme et même dressé par ce dernier, cela ne signifiera jamais que l'animal est capable d'agir au nom de valeurs et en étant pleinement conscient de sa responsabilité.

2 > **a.** De même qu'il ne faut pas attribuer de qualités humaines aux animaux, de même plus généralement on ne peut dire que la nature soit bonne ou mauvaise et qu'elle doive être considérée comme une valeur à défendre absolument et dans toutes les situations.

3 > **a.** et **c.** Les animaux ne peuvent jamais être jugés responsables de ce qu'ils font puisqu'ils n'en ont pas conscience et ne peuvent en assumer la responsabilité. On ne fera pas un procès à un chien et un requin qui auront mordu et tué un homme. Si le chien est domestiqué c'est son maître qui sera jugé pour ne l'avoir pas sur-veillé et retenu. Quant au requin, son seul désir est de se nourrir et d'accomplir ce que sa nature le contraint à faire.

4 > **a.** On ne peut parler de nature humaine achevée et déterminée mais bien de potentialités ou capacités qui peuvent s'actualiser grâce à la culture et à l'éducation. Ainsi, l'homme a, sauf excep-tions médicalement explicables, la capacité naturelle de parler, mais ne parlera pas s'il n'apprend aucune langue.

5 > **c.** Selon Rousseau et Hobbes, l'état de nature n'est qu'un modèle rationnel ou paradigme permettant de poser la nécessité d'un État et d'une société civile. Contrairement à Locke, ils n'ont pas une approche historique et ne pensent pas que cet état de nature a existé. C'est un simple modèle comme la mathématique et l'économie en construisent pour tenter de mieux comprendre les progrès ou régressions de l'homme grâce à la culture et aux institutions politiques.

6 · **b.** Les normes, règles ou encore prohibitions sont universelles puisqu'elles permettent aux hommes de faire société et de vivre en respectant des valeurs communes. Ces règles sont évidemment culturelles puisqu'elles n'existent pas dans la nature et elles condi-tionnent ou limitent les relations que les hommes vont avoir entre eux notamment entre hommes et femmes, parents et enfants. On peut ainsi montrer que si ces normes sont universelles puisqu'elles ont toujours existé dans toutes les sociétés, elles sont pourtant relatives au sens où elles sont différentes selon les époques et cultures.

1 LA CONNAISSANCE SCIENTIFIQUE

● La connaissance scientifique s'appuie sur la raison et repose sur une exigence d'==objectivité== qui oblige à écarter toute opinion personnelle. La science étudie des ==phénomènes== (ce qui apparaît) et non des choses que nous percevons par nos sensations. Les phénomènes scientifiques sont ==interchangeables==, ils font l'objet d'une mesure ou quantification et sont décrits à l'aide de concepts uniques pour éviter l'ambiguïté du langage ordinaire.

● On explique scientifiquement un phénomène notamment par ses ==causes== et ses ==effets==. Si l'expérimentation d'un phénomène scientifique ne permet pas d'en retirer une ==loi universelle==, aucune autre conclusion ne pourra être déduite. Les rapports de causalité universels permettent alors d'anticiper l'avenir par la déduction d'un effet.

> ### Citation
>
> « L'opinion pense mal, d'ailleurs elle ne pense pas : elle traduit des besoins en connaissance [...]. On ne peut rien fonder sur l'opinion, il faut d'abord la détruire, elle est le premier obstacle à surmonter. » G. Bachelard, *La formation de l'esprit scientifique*.

2 LA DÉMARCHE SCIENTIFIQUE

● **G. Bachelard**, relève trois obstacles épistémologiques à une démarche scientifique :

– l'==anthropomorphisme==, qui projette des propriétés humaines sur les animaux ou les choses ;

– l'==empirisme naïf==, qui croit que l'apparence des choses reflète leurs propriétés réelles ;

– le ==langage==, qui amène à prendre des métaphores pour des explications et des images pour des concepts.

● L'approche scientifique suppose une ==catharsis== ou une purification intellectuelle et affective qui permet, selon **A. Koyré**, « de distinguer le monde de la vie et le monde de la science ».

● Par ailleurs, aucune observation n'est suffisante car l'observateur doit l'==interpréter à la lumière de ses connaissances==. Selon la formule de **G. Canguilhem** « le fait n'est pas ce dont la science est faite mais ce que fait la science en se faisant. »

3 — L'APPROCHE SCIENTIFIQUE DU MONDE

● Selon **E. Kant**, dans toute démarche scientifique, la raison intervient à la fois sur les principes de pensée (catégories de l'entendement) et sur les questionnements. Si l'expérience fait émerger de nouvelles connaissances, il faut en effet des connaissances *a priori* prêtes à accueillir une observation pour lui donner un sens.

Citation

« Comment est-il possible que les mathématiques, qui sont un produit de la pensée humaine et sont indépendantes de toute expérience, puissent s'adapter d'une si admirable manière aux objets de la réalité ? La raison humaine serait-elle capable, sans avoir recours à l'expérience, de découvrir par la pensée seule les propriétés des objets réels ? » A. Einstein.

● **J. Locke**, au contraire, affirme que la connaissance vient de l'expérience seule. L'induction (conclure des lois à partir d'observations de faits) ne peut cependant être garante de véracité. Par exemple, on a longtemps observé la blancheur des cygnes et on en concluait que tous l'étaient. Or, certains sont noirs.

● Pour valider une théorie scientifique, il faut d'abord tenter de la réfuter, en montrant ses anomalies ou insuffisances. Si l'hypothèse résiste à la réfutation, elle est validée (pour un temps). Cette méthode permet de se prémunir des illusions et des croyances.

4 — PEUT-ON APPRÉHENDER LA RÉALITÉ ?

● La loi de la gravitation universelle démontrée par **Newton** n'a par exemple pas été invalidée par la physique quantique, qui démontre pourtant qu'au niveau microscopique, les lois de la physique classique ne s'appliquent plus. Ainsi, deux conceptions scientifiques légitimes de la réalité cohabitent

● L'expérience des fentes de **T. Young** nous montre par ailleurs que le monde quantique est celui de possibilités infinies : des particules de matière sont projetées à travers deux fentes sur un panneau qui recueille les impacts. L'expérience est menée selon deux contextes expérimentaux. En fonction des contextes, les impacts montrent que les particules se comportent soit comme une onde soit comme des particules.

● Les tests expérimentaux portent sur le rapport entre l'hypothèse théorique et le dispositif expérimental et selon **W. Heisenberg**, les conditions de l'expérience modifient en permanence la réalité étudiée.

En perspectives

23

Auteurs

Platon, Bachelard, Kant, Koyré, Popper, Canguilhem, Einstein, Young, Heisenberg

Notions liées

raison,
vérité,
technique

La science

1. L'existence humaine et la culture

● Avoir un esprit scientifique implique de dissocier le travail analytique de l'opinion.

● L'esprit humain est structuré de telle façon qu'il puisse saisir les enjeux d'un phénomène scientifique avant d'en recueillir les résultats (Kant).

● La physique quantique, de par ses phénomènes déconcertants, nous amène à envisager que nous avons une perception incomplète de notre réalité.

2. La morale et la politique

● Les questions morales et philosophiques, voire religieuses obligent à passer de la question scientifique « comment ? », au « pourquoi ? ».

3. La connaissance

● La connaissance scientifique implique une exigence d'objectivité.

● La science classique est rationnelle, elle étudie les phénomènes et dégage des rapports universels et nécessaires.

● Pour mettre en place les conditions nécessaires à toute démarche scientifique, il convient d'écarter les obstacles épistémologiques.

● Seule l'expérience permet de faire émerger des connaissances scientifiques (Locke).

● La science décrit des phénomènes physiques en accord avec la réalité (physique newtonienne).

Pour réussir le jour J !

Œuvres

● Poincaré, *La Science et l'Hypothèse*, 1902.
Ce très grand mathématicien s'interroge sur le rapport entre la science et la réalité et souligne que la science n'aborde que les rapports entre les choses réelles et non les choses mêmes. Ainsi, il démontre qu'une expérience scientifique vise seulement à vérifier la validité d'une hypothèse théorique.

● Bachelard, *Le Nouvel Esprit scientifique*, 1934.
En s'intéressant à plusieurs théories physiques, Bachelard va montrer le caractère novateur de l'esprit scientifique du XXe siècle.

● Trinh Xuan Thuan, *Désir d'infini*, 2013.
Dans cet ouvrage, l'astrophysicien y aborde le concept d'infini, son histoire et sa portée mathématique, physique et astrophysique. L'auteur explique de quelle manière la science s'est emparée d'un concept, a priori métaphysique et religieux, pour faire progresser la problématique de l'infini.

Vocabulaire

● **Expérimentation** : ce terme est réservé à l'expérience scientifique, une expérimentation suppose, en effet, une méthode précise et différente selon les disciplines afin de pouvoir être expliquée, comprise et recommencée.

● **Induction** et **déduction** : l'induction consiste à partir d'expériences ou de faits multiples pour en tirer une conclusion au moins générale. La déduction, quant à elle, concerne un raisonnement qui, comme l'a démontré Descartes, s'appuie d'abord sur une prémisse (une proposition) pour parvenir progressivement à une conclusion grâce à des règles logiques.

● **Hypothèse** : c'est une proposition admise ou encore une conjecture qui demande toujours à être confirmée par des expériences.

● **Falsifiabilité** et **vérifiabilité** : s'inspirant de Bachelard, Karl Popper a théorisé l'idée selon laquelle une thèse est scientifique seulement si on peut la remettre en cause en essayant d'en montrer les anomalies. Au lieu de vérifier la validité de son hypothèse de départ (vérifiabilité), le scientifique essaie de l'invalider. Si elle résiste aux tests qui visent à la réfuter, dès lors elle est considérée comme provisoirement valide.

LA SCIENCE

1 **Qu'est-ce que l'épistémologie ?**
- ○ **a.** L'étude du vivant.
- ○ **b.** Une partie de la physique.
- ○ **c.** L'étude de la science et de sa démarche.

2 **Qu'étudie la science ?**
- ○ **a.** Des phénomènes.
- ○ **b.** La réalité.
- ○ **c.** Le mystérieux.

3 **De quoi distingue-t-on généralement une prévision ?**
- ○ **a.** D'un rêve.
- ○ **b.** D'une nécessité.
- ○ **c.** D'une prédiction.

4 **Pour prouver la validité d'une théorie, le scientifique tente de la ... :**
- ○ **a.** démontrer.
- ○ **b.** simplifier.
- ○ **c.** réfuter.

5 **En science, de quel type de vérités pouvons-nous parler ?**
- ○ **a.** De vérités approchées.
- ○ **b.** De vérités définitives.
- ○ **c.** De vérités relatives.

6 **Quelle question est proprement scientifique ?**
- ○ **a.** Pourquoi ?
- ○ **b.** Comment ?
- ○ **c.** Quand ?

Corrigés au verso

1 > **c.** L'épistémologie est une discipline philosophique qui étudie les sciences, leur fonctionnement, leurs critères de validité et essaie de comprendre sur quels principes elles reposent pour distinguer les sciences dites exactes, les sciences humaines et les pseudo-sciences.

2 > **a.** Une science doit tout faire pour ne pas s'appuyer sur des préjugés, c'est-à-dire commencer une étude en ayant déjà caractérisé son objet. Pour écarter cette approche, elle va au contraire construire progressivement son objet au cours de son étude. Cela implique qu'au départ celui-ci soit considéré comme un simple phénomène, c'est-à-dire au sens propre une apparition sans propriétés définies et définitives.

3 > **c.** Une prédiction s'appuie simplement sur l'interprétation de signes dans un cosmos arrêté et immuable, signes auxquels elle donne abusivement une valeur prédictive déterminant à l'avance les comportements et faits humains. La science au contraire essaie de prévoir en cherchant notamment des relations de cause à effet et en vérifiant expérimentalement la validité d'une hypothèse de départ.

4 > **c.** La démarche scientifique ne vise pas à confirmer une hypothèse de départ car ce faisant, le risque est grand d'orienter une démonstration pour qu'elle ne fasse qu'invariablement la confirmer. Des méthodes comme la randomisation, les tests en aveugle sont ainsi faits pour tenter de contredire une hypothèse c'est-à-dire la réfuter. Si tous les moyens utilisés ne montrent pas d'erreurs, elle sera considérée comme valide jusqu'à ce que l'on prouve ses faiblesses.

5 > **a.** La science oblige à la modestie car un savant sait que toute théorie sera un jour remise en cause et que c'est précisément ainsi que la science avance sans s'enfermer dans des certitudes dogmatiques comme elle a pu le faire au XIXe siècle. Cela ne veut pas dire pour autant que toute théorie soit fausse ou même simplement relative. En effet, lorsqu'une théorie est renversée par une autre, elle l'est seulement en partie et a contribué à la naissance de celle qui sera aussi remise en cause ultérieurement. La science approche donc sans cesse de la vérité sans jamais la toucher.

6 > **b.** Les questions métaphysiques, religieuses ou même morales ne sont pas du ressort de la science, celle-ci cherchant à comprendre comment fonctionne par exemple un système ou une organisation. En tant qu'homme ou citoyen, un savant peut se demander pourquoi les choses sont ainsi et au nom de quoi, mais en tant que savant, il doit se limiter à des questions scientifiques sur lesquelles il peut tenter par son travail de trouver des réponses.

1 UNE QUÊTE DE LA VÉRITÉ

● Dans le mythe d'Er le Pamphylien (*La République*, **Platon**), les âmes, après avoir choisi le modèle de leur vie à venir boivent l'eau du fleuve Léthé pour oublier leur vie précédente. L'enjeu de ce mythe est l'*alètheia* (dévoilement de la vérité), dont l'accès passe par la réminiscence (souvenir des idées contemplées dans l'au-delà).

> **À savoir**
>
> Dans *Le Ménon*, Socrate fait une leçon de géométrie à un esclave pour démontrer que « la vérité de toute chose est en nous » et qu'il suffit d'être guidé pour s'en souvenir.

● Bien orienté, l'homme procède, par la quête philosophique, à la redécouverte de savoirs déjà appris. **Platon** montre ainsi que tous les hommes ont la capacité à parvenir à une connaissance véritable.

2 DU PARAÎTRE À L'ÊTRE

● Dans l'allégorie de la caverne (« Livre VII » de *La République*), **Platon** montre qu'il y a une coexistence entre le monde des apparences sensibles et toujours changeantes et le monde des Idées immuables et éternelles. La vérité suppose une interrogation ontologique, une réflexion sur l'être des choses (*ontos*, être). L'être est mesure et condition du vrai, par delà le changement.

> **À savoir**
>
> Dans l'**allégorie de la caverne**, Platon compare la situation de l'homme à celle de prisonniers enchaînés dans une caverne à qui on aurait fait croire que les ombres de marionnettes projetés sur le mur en face constituent la réalité. Or, la véritable réalité n'est accessible qu'en se détournant des apparences sensibles pour accéder, grâce à l'éducation, au monde des Idées.

3 UN DISCOURS VÉRITABLE

● La distinction entre être et paraître est à la base du principe de non-contradiction selon lequel « il est impossible que le même attribut appartienne et n'appartienne pas en même temps au même sujet et sous le même rapport » (Aristote). Ce principe permet notamment de réfuter un discours incohérent.

● Lorsque le sophiste **Protagoras** affirme que « l'homme est la mesure de toutes choses », il prétend que « ce qui paraît à chacun est la réalité même ». Autrement dit, toutes opinions même contraires seraient bonnes. Ce qui aurait pour conséquence d'anéantir le concept de vérité.

● **Épicure**, puis **Lucrèce** montrent que nos sens ou impressions (*phantasiai*) avec nos rêves et nos visions, « ne se trompent jamais ». Aussi posent-ils que nos perceptions sont le reflet de la réalité. Ce ne sont pas nos perceptions qui sont fausses, mais nos opinions sur celles-ci.

4 LA VÉRITÉ EST UNE IDÉE INNÉE

● **R. Descartes**, s'inspirant de Platon, décrit la vérité comme « en droit antérieure à son acceptation » et donc à sa reconnaissance. Ce faisant, il s'appuie également sur la définition médiévale selon laquelle la vérité est l'adéquation de la chose et de l'intellect ou de l'esprit . Le vrai nous apparaît ainsi par « la lumière naturelle ou intuition de l'esprit », entendue comme connaissance rationnelle et immédiate.

● La première vérité est celle du *cogito* (je pense), qui échappe au doute le plus radical. Même si mes pensées n'étaient qu'erreurs ou illusions, c'est en elles que résident le vrai et le critère du vrai. C'est dans l'intuition de l'évidence des idées claires et distinctes que Descartes situe le critère du vrai.

5 LE SCEPTICISME

● Depuis les Grecs, les sceptiques (Hume, Montaigne, etc.) ont tous considéré qu'il n'y avait aucun critère assez fort permettant d'affirmer une vérité, ce doute ne concernant que le domaine théorique et non l'action. Toutes les thèses ne sont pas pour autant défendables, certaines sont meilleures que d'autres sans être définitivement vraies.

6 UNE IDÉE PRAGMATIQUE DE LA VÉRITÉ

● Pour le pragmatique, seule l'application d'une théorie, sa réussite expérimentale, sert de critère de vérité. Ainsi, pour **W. James**, dans *Le Pragmatisme*, « posséder des pensées vraies, c'est, à proprement parler, posséder de précieux instruments pour l'action. »

● En ce sens, une théorie est un instrument de recherche et la vérité se définit par la totalité de ses conséquences (théorique, affective, sociale, etc.). Le vrai est ce qui satisfait l'ensemble des besoins humains, l'utilité devenant le seul critère pour les valeurs humaines.

En perspectives

25

Auteurs

Platon, Aristote, Épicure, Lucrèce, Descartes, Montaigne, Hume, James, Pascal

Notions liées

science,
religion,
langage, raison

La vérité

1. L'existence humaine et la culture

- Le premier désir de la philosophie est une quête de la vérité.
- Nous sommes tous égaux face à cette recherche de vérité.
- Toute opinion n'est pas légitime.
- Nos perceptions sont le reflet de la réalité, car elles ne sauraient engendrer un faux témoignage.
- Selon Descartes, la vérité est une idée innée : nous cherchons à reconnaître des idées dont nous avons une connaissance intuitive.

2. La morale et la politique

- On peut avoir une conception pragmatique de la vérité.

3. La connaissance

- La recherche de la vérité suppose de détourner le regard des apparences sensibles.
- Il n'y a pas de vérité sans identités stables.
- La cohérence de la pensée est indispensable pour parvenir à la vérité.
- Il faut douter pour espérer accéder à la vérité.
- Le sceptique n'a pas de critère certain lui permettant d'affirmer une vérité, mais il continue à chercher.

Pour réussir le jour J !

Œuvres

● PLATON, *La République*, 315 av. J.-C.
– « Livre X (614 b - 621 d) »
Le Livre X de *La République* clôture l'ouvrage. À la toute fin de celui-ci se trouve évoqué le mythe d'Er le Pamphylien qui fait le récit de son voyage dans l'au-delà et réalise une description détaillée du processus de réincarnation des âmes.
– « Livre VII »
Dans le Livre VII, Platon expose sa théorie sur le monde des apparences à travers l'explication de l'allégorie de la caverne.

● DESCARTES, *Règles pour la direction de l'esprit*, 1684.
Dans cet ouvrage inachevé, Descartes s'interroge sur le concept de vérité en soulignant le fait qu'aucune vérité n'est possible si l'on s'appuie uniquement sur des opinions. Aussi se demande-t-il si la vérité la plus certaine n'est pas mathématique.

Vocabulaire

● **Vérité** : si, comme nous l'avons vu, la vérité se définit comme l'accord entre la chose ou réalité et l'esprit, cela signifie qu'elle n'est ni d'un côté ni de l'autre, et que la difficulté est de trouver la juste mesure entre les deux.

● **Doute** et **Certitude** : **le doute** peut être considéré comme une insuffisance, il indique, en effet, un manque de certitude. Mais, à l'instar de Descartes, nous pouvons le considérer comme un élément propice à la recherche : en remettant en cause **les certitudes** non interrogées (dogmes, préjugés), il oblige à chercher des fondements ou des certitudes plus solides.

● **Opinion** et **Savoir** : si, selon Platon, il ne faut surtout pas confondre une opinion subjective avec un savoir objectif et universel, une opinion peut tout de même être accompagnée d'un savoir, elle peut se justifier par un raisonnement valide, argumenté et s'appuyer sur des faits non-scientifiques.

● **Préjugé** : au sens propre, il s'agit d'un jugement porté avant tout exercice de la raison et s'appuyant seulement sur une idée préconçue ou répétée.

LA VÉRITÉ

1 Selon Platon, à quoi les âmes réincarnées sont-elles confrontées ?
- ☐ **a.** L'oubli.
- ☐ **b.** La misère.
- ☐ **c.** La souffrance.

2 Pour que des propriétés changent, il faut ... :
- ☐ **a.** des identités invariables.
- ☐ **b.** un monde stable.
- ☐ **c.** un temps arrêté.

3 Qui a dit que « l'homme est la mesure de toutes choses » ?
- ☐ **a.** Socrate.
- ☐ **b.** Montaigne.
- ☐ **c.** Protagoras.

4 Quel principe établit la condition formelle de toute pensée vraie ?
- ☐ **a.** Le principe de non-contradiction.
- ☐ **b.** Le principe suprême.
- ☐ **c.** Le principe hypothétique.

5 Dans la pensée classique, la vérité est l'adéquation de la chose et de ... :
- ☐ **a.** La sensibilité.
- ☐ **b.** L'intellect.
- ☐ **c.** L'imagination.

6 Le doute de Montaigne est ... :
- ☐ **a.** méthodique.
- ☐ **b.** sceptique.
- ☐ **c.** psychologique.

7 Quel est le critère de vérité pour les pragmatistes ?
- ☐ **a.** La cohérence.
- ☐ **b.** L'universalité.
- ☐ **c.** L'utilité.

Corrigés au verso

① ➤ **a.** Dans une approche mythique, Platon nous dit qu'avant d'être incarnées, les âmes contemplaient les idées éternelles. Il ajoute que « le corps est le tombeau de l'âme » puisqu'à son contact elle a perdu ce qui lui donnait un sens. Il s'agit donc grâce à l'enseignement de la philosophie d'orienter les âmes vers les idées qu'elles ont oubliées pour qu'elles comprennent que la vérité n'a rien de relatif et est un universel qui prévaut sur les opinions subjectives des hommes.

② ➤ **a.** Pour qu'on puisse parler de changement de propriété d'une chose ou d'un être, il faut nécessairement que cette chose ou cet être soit une identité stable et définie ou encore qu'elle ait une présence ontologique, autrement dit qu'elle existe en tant qu'être.

③ ➤ **c.** Lorsque le sophiste Protagoras affirme cela, il signifie que toutes les opinions individuelles se valent et peuvent être affirmées légitimement vraies.

④ ➤ **a.** Le principe de non-contradiction impose à la pensée une simple cohérence. Deux thèses contraires ne peuvent vraies en même temps et sous le même rapport. Par exemple, un tissu peut être blanc d'un côté et noir de l'autre en même temps, entièrement blanc après une teinture et noir après une autre et donc pas en même temps. Dans le domaine de la pensée, une telle cohérence est exigée comme condition d'un discours vrai.

⑤ ➤ **b.** La vérité n'est donc pas du côté de la chose ou de la réalité seulement, du côté de l'esprit ou de l'intellect, mais dans leur relation ou rapport. L'adéquation est leur juste rapport et c'est naturellement là que se situe toute la difficulté pour caractériser la vérité.

⑥ ➤ **b.** Si le doute de Descartes est méthodique et radical, celui de Montaigne est sceptique puisqu'il se limite au domaine théorique pensant qu'il n'y a jamais de critère assez fort pour pouvoir affirmer la vérité d'une thèse.

⑦ ➤ **c.** Nous sommes ici éloignés d'une conception classique de la vérité puisque c'est sa réussite qui importe. Une théorie est bonne non parce qu'elle vraie mais parce qu'elle montre son efficacité par rapport à ce qu'on recherchait.

1 LE DISCOURS DE LA MÉTHODE

● **R. Descartes** définit la raison comme « la puissance de bien juger et de discerner le vrai d'avec le faux ». La raison coïncide avec le **bon sens** qui serait « la chose la mieux partagée du monde ». Plusieurs conditions sont indispensables à son bon usage :

– **Ne pas assimiler l'intelligibilité et la vérité**. La cohérence, l'efficacité, le consensus ne sont pas des critères de vérité, et pour **F. Nietzsche**, « une chose qui convainc n'est pas vraie pour autant, elle est seulement convaincante ».

– Distinguer l'exigence ou désir de vérité et l'existence de la vérité. L'**exigence de vérité** est une qualité subjective qui nous invite à dépasser notre ignorance pour connaître le monde, d'où l'affirmation de **Socrate** : « Je sais que je ne sais rien ».

– **Élaborer des mises en ordre vérifiables** et accepter de voir ses thèses rejetées.

● La méthode cartésienne enjoint les hommes à se prémunir contre la **précipitation** et la **présomption**, qui risqueraient de les égarer. Descartes propose quatre préceptes pour y parvenir :

– Le **principe d'évidence** : éliminer le probable au profit du clair et du distinct.

– Le **principe d'analyse** : décomposer un phénomène en éléments plus simples et examiner la manière dont les éléments se combinent.

– Le **principe d'ordre** : les pensées suivent un ordre argumentatif allant du plus simple au plus complexe.

– Le **principe de révision** : vérifier les étapes de la déduction avant d'achever la démonstration.

2 UNE CONNAISSANCE RATIONNELLE

● Toute rationalité prétend à l'**objectivité**. Elle doit donc écarter l'histoire personnelle du sujet qui cherche à connaître.

● Une connaissance rationnelle doit prétendre à l'**universalité**. La méthode doit pouvoir être comprise et reprise par tous. La rationalité se soumet à un **contrôle intersubjectif** : les raisonnements se basent sur des concepts univoques et des règles de déduction universelles et nécessaires.

● La raison demande des efforts de lucidité et une **distance critique** pour ne pas tomber dans le scientisme (foi aveugle en la science) et rester un « rationalisme ouvert » (**G. Bachelard**), à savoir non dogmatique, capable d'autocritique.

3 LES DIFFÉRENTS TYPES DE RATIONALITÉ

● La rationalité technique est l'usage calculé et systématique de moyens en vue d'une fin. Il s'agit de trouver des moyens performants pour atteindre un but. L'efficacité est ici le critère déterminant.

● La rationalité scientifique se soumet à l'objectivité et aux principes logiques de la pensée. Elle s'appuie sur des démonstrations expérimentales, porte sur des portions délimitées de la réalité et, comme le dit **K. Popper**, ne prétend pas, comme une idéologie, à une conception globale du monde.

● La rationalité philosophique ne cherche ni le calcul, ni l'efficacité ni même la découverte. Elle évalue les opinions, écarte les préjugés et illusions en clarifiant les pensées. Elle suppose une exigence de lucidité, de rigueur et vise une autonomie de la pensée et des actions.

● La rationalité morale suppose une action désintéressée. Pour **E. Kant**, pour être heureux l'homme utilise parfois sa raison pour satisfaire ses besoins ou instincts, et ce, en dépit de l'exigence d'universalité de la raison. C'est par sa capacité à se donner des principes universels d'action que l'homme se distingue des animaux et non par son intelligence.

4 RAISON ET SENTIMENTS

● Selon **Hegel**, l'intelligibilité rationnelle est le reflet de l'ordre du monde et ce qui semble irrationnel (hasard, désordre, passions) ne l'est qu'en apparence.

● **Spinoza** explique que les affects peuvent engendrer des comportements irrationnels. Il faut donc lutter contre ses propres affects négatifs grâce à des affects positifs plus puissants. Il s'agit d'un processus de rationalisation des affects, qui nous permet d'accéder au bonheur par un contrôle de nos passions.

● Pour **B. Pascal**, il faut veiller à ne pas faire de la raison l'unique source de la vérité et accepter avec humilité l'origine mystérieuse, voire divine de cette dernière.

> ### Citation
> « Nous connaissons la vérité non seulement par la raison, mais encore par le cœur. [...] C'est de cette dernière sorte que nous connaissons les premiers principes et c'est en vain que le raisonnement, qui n'y a point de part, essaie de les combattre ». B. Pascal, *Pensées*.

En perspectives

27

Auteurs

Descartes, Pascal, Hegel, Kant, Nietzsche, Bachelard, Spinoza, Popper

Notions liées

science,
vérité,
religion

La raison

1. L'existence humaine et la culture

● Chaque homme peut s'orienter vers le chemin qui lui correspond en prenant son temps et en adoptant une attitude méthodique.

● Il convient de distinguer le désir de vérité avec le fait de posséder la vérité.

● Une conception rationnelle du monde peut être ouverte et critique.

● La rationalité peut être technique, scientifique, philosophique.

● Nous pouvons maîtriser nos affects ou passions par la raison, et ainsi tendre vers plus de sagesse.

● Il faut veiller à ne pas uniquement s'en remettre à la raison dans notre quête de vérité et savoir écouter notre intuition.

2. La morale et la politique

● La morale suppose aussi des principes et un comportement rationnels.

● Une démarche rationnelle peut être reconnue et contrôlée.

3. La connaissance

● La raison est d'abord une capacité à bien juger et à avoir une réflexion ordonnée.

● Une connaissance rationnelle est objective, méthodique et critique vis-à-vis d'elle-même.

● Un rationalisme absolu est réducteur et discutable sur le plan épistémologique.

Pour réussir le jour J !

Œuvres

● DESCARTES, *Discours de la Méthode*, 1637.
Cet ouvrage est d'une grande richesse conceptuelle, Descartes y élabore les quatre préceptes de sa méthode pour ordonner clairement et distinctement ses pensées ; et ainsi parvenir à une pleine autonomie de l'esprit et de l'existence de chacun.

● LOCKE, *Essai sur l'entendement humain*, 1689.
La pensée de Locke s'oppose à celle du rationalisme cartésien. Locke défend, en effet, une conception empiriste de la connaissance : selon lui la raison de l'homme est, avant tout, une « table rase » et c'est de l'expérience seulement que viennent ses connaissances.

● PASCAL, *Pensées*, 1670.
Dans cet ouvrage, Pascal incite notamment le lecteur à ne pas négliger les vérités du cœur, à accepter les limites d'un raisonnement impliquant seulement un enchaînement argumentatif.

Vocabulaire

● **Cohérence** : la cohérence d'un propos, d'une démonstration ou d'une démarche est visible lorsqu'il existe un lien clair entre les différents éléments de l'argumentation et que cette dernière est l'aboutissement d'une conséquence logique.

● **Principe et précepte** : un principe est une cause ou proposition première et non déduite qui permet de débuter une réflexion et d'en déduire des conséquences. Un précepte a une finalité plus pratique.

● **Nécessaire et suffisant** : ce qui est nécessaire ou apodictique, quel que soit le domaine, implique qu'on ne puisse s'en passer pour aboutir à une fin ou avoir un effet quelconque. Mais ce qui est indispensable ou nécessaire peut ne pas être suffisant pour parvenir au but recherché.

● **Rationnel et raisonnable** : si ces deux termes se rapportent à la raison, leurs champs d'application ne sont pourtant pas identiques. Le rationnel porte sur le domaine de la connaissance, tandis le raisonnable renvoie à l'action humaine.

● **Dogmatisme** : (*dogma* en grec, opinion) ce terme consiste à affirmer la validité certaine d'une conception scientifique.

LA RAISON

1 **Selon Kant, pourquoi les hommes n'usent pas de manière appropriée de leur raison ?**
- ⃝ **a.** Parce qu'ils veulent seulement satisfaire leurs besoins.
- ⃝ **b.** Parce qu'ils vivent dans l'oisiveté.
- ⃝ **c.** Parce qu'ils manquent de courage.

2 **Quel philosophe a évoqué le concept de « rationalisme ouvert » ?**
- ⃝ **a.** Pascal.
- ⃝ **b.** Bachelard.
- ⃝ **c.** Descartes.

3 **Il ne faut pas confondre l'exigence ou le désir de vérité avec ... :**
- ⃝ **a.** la possession de la vérité.
- ⃝ **b.** la négation de la vérité.
- ⃝ **c.** l'affirmation de la vérité.

4 **Quel est le critère déterminant de la rationalité technique ?**
- ⃝ **a.** La rentabilité.
- ⃝ **b.** La nécessité.
- ⃝ **c.** L'efficacité.

5 **À quoi le scientisme correspond-t-il ?**
- ⃝ **a.** Un type particulier de preuve.
- ⃝ **b.** Un désir de vérité.
- ⃝ **c.** Une foi aveugle en la science.

6 **La rationalité prétend à l'objectivité et à ... :**
- ⃝ **a.** l'universalité.
- ⃝ **b.** la vérité.
- ⃝ **c.** l'efficacité.

7 **Socrate affirme : « je sais que ... :**
- ⃝ **a.** je peux savoir. »
- ⃝ **b.** je saurai tout en cherchant. »
- ⃝ **c.** je ne sais rien. »

Corrigés au verso

1 **> c.** La raison n'est pas une entité constitutive de notre corps mais une capacité que l'on peut mettre en acte, que l'on doit développer, approfondir pour parfaire notre humanité d'être rationnel et libre. Kant montre ainsi que c'est bien par lâcheté que les hommes préfèrent souvent se contenter de ce qu'ils croient savoir pour n'avoir pas à affronter des vérités dérangeantes.

2 **> b.** Bachelard n'a pas du tout une conception figée de la raison puisqu'il considère que celle-ci doit toujours être ouverte sur le monde et donc toujours capable de se remettre en cause.

3 **> a.** On ne possède pas la vérité comme on possède un bien matériel. Elle est une notion d'emblée problématique qui suppose la mise en acte de sa raison et qui doit lui servir d'idéal et de guide.

4 **> c.** La technique n'est pas une valeur mais une façon d'être au monde et d'y être le mieux possible. Elle suppose donc une sorte de conflit ou opposition entre la nature ou la réalité et l'homme celui-ci essayant d'inventer des techniques pour survivre à ce conflit.

5 **> c.** Le scientisme est un courant de pensée né au XIXe siècle qui considère que seule la science peut parler de connaissance et même de vérité, toutes les autres disciplines comme l'art, la religion ou la philosophie n'étant que des croyances illusoires.

6 **> a.** Toute démarche rationnelle se voulant objective utilise des méthodes qui peuvent être comprises et reprises par tout individu respectant la rigueur de cette démarche. Cela signifie qu'une démonstration ou expérience n'est pas l'expression d'une simple opinion subjective mais qu'elle a une valeur objective et universelle pouvant être approuvée par tout homme par sa seule raison.

7 **> c.** Socrate a conscience de son ignorance, il sait les limites de ses connaissances et est donc capable de les repousser en continuant à chercher. Le véritable ignorant a réponse à tout et ne cherche plus rien, convaincu qu'il est d'avoir la science infuse. C'est naturellement une vanité terrible et surtout une des formes courantes de la bêtise.

1 QU'EST-CE QUE L'ÉTAT ?

● L'État est une ==entité== impersonnelle incarnée par des symboles et des représentants exerçant un pouvoir qui varie selon le régime (démocratie, monarchie ou dictature) mais reposant toujours sur un rapport hiérarchique entre gouvernants et gouvernés.

● **B. Pascal** distingue alors les « grandeurs d'établissement », instituées par les hommes pour organiser la société, et les « grandeurs naturelles », ou qualités des individus. Il convient de distinguer l'homme et la fonction en respectant celle-ci et en méprisant celui qui s'en rend indigne.

● Dans son ouvrage *Le savant et le politique*, **M. Weber** a identifié différentes formes de pouvoir :
– le ==pouvoir traditionnel==, qui cherche sa justification dans la filiation.
– le ==pouvoir charismatique==, fondé sur « la grâce personnelle et extraordinaire d'un individu ».
– le ==pouvoir légal== (celui de l'État), qui se fonde sur le statut juridique de l'autorité politique et sur l'idée que ceux qui exercent le pouvoir ont la compétence pour cela.

● Pour que l'État apparaisse, il faut aussi des conditions pratiques d'existence dont un ==territoire==, avec des frontières définies. L'organisation de l'Etat correspond à l'histoire de chaque pays et à la conscience du peuple de son identité collective (==nation==).

> **Citation**
>
> « Le patriotisme, c'est l'amour des siens ; le nationalisme, c'est la haine des autres. » Romain Gary, *Éducation européenne*.

● Le mot nation vient de « nature », « naissance ». Il revêt un ==caractère biologique== lorsque les nazis l'associent au concept de « race », tout autre race devient un corps étranger dangereux pour l'unité du groupe. Dans une perspective rationnelle et légaliste, la nation est « un corps d'associés vivant sous une loi commune et représentée par une même législature » (**Sieyès**). Elle implique une unité spirituelle d'individus libres ayant la volonté de partager un bien commun.

2 LES FONDEMENTS DE L'ÉTAT

● **N. Machiavel** démontre dans *Le Prince* que la prise et l'exercice du pouvoir sont affaire de ==technique==. Le prince doit être habile, rusé (renard), voire cruel (lion) selon les situations. Il distingue ainsi politique et morale. Toutefois, dans les *Discours sur la première décade de Tite-Live* (1513-1520), il souligne que pour ne pas devenir tyrannique, le prince doit tenir compte des intérêts de l'État et de la souveraineté du peuple.

● Les philosophes du contrat s'interrogent quant à eux sur la source instituant la légitimité de l'État. **T. Hobbes**, dans le *Léviathan*, décrit un contrat de soumission, par lequel l'homme cède volontairement sa liberté, afin de sortir d'un état de nature où « l'homme est un loup pour l'homme » et d'accéder à la paix civile. **J.-J. Rousseau**, prône plutôt un contrat d'association préservant la liberté et l'égalité des hommes. Néanmoins, pour que le droit soit respecté, il faut des consciences éclairées, les hommes éduqués.

> **Citation**
>
> « Un peuple libre obéit, mais il ne sert pas, [...] il obéit aux lois mais il n'obéit qu'aux lois, et c'est par la force des lois qu'il n'obéit pas aux hommes. » J. J. Rousseau, *Lettres écrites de la montagne*.

3 L'ÉTAT RÉPUBLICAIN

● Pour **K. Marx**, la liberté et l'égalité restent des principes formels qui laissent les inégalités sociales et économiques exister et croître. Les « bourgeois », en donnant aux « prolétaires » le statut de citoyens ne font que renforcer leurs propres privilèges économiques.

● Selon **A. de Tocqueville**, la « passion de l'égalité » est dangereuse pour la démocratie et la liberté. L'égalitarisme donne un monde uniforme car au nom de l'égalité, l'État peut obliger les hommes à nier leurs différences pour ne devenir qu'une seule entité sans singularité. Ainsi, pour **F. Hölderlin**, « ce qui fait de l'État un enfer, c'est que l'homme essaie d'en faire un paradis ».

● La devise de l'État républicain « Liberté, Égalité, Fraternité » n'est pas un fait mais une exigence. Chacun a sa conception des trois termes, ce qui implique des oppositions, voire des affrontements nourrissant l'esprit démocratique. L'État n'a pas pour fonction d'imposer ces trois principes, mais doit garantir leur existence.

● Il faut donc se méfier de toute conception irénique (sans conflit) de l'État visant le bonheur de chacun. Le bonheur est une idée subjective qui ne doit être imposée par un État voulant tout régir et tout savoir de chacun.

> **Citation**
>
> « Quand dans un État, vous ne percevez le bruit d'aucun conflit, vous pouvez être sûr que la liberté n'y est pas. » Montesquieu, *Grandeur et décadence des Romains*, VIII.

En perspectives

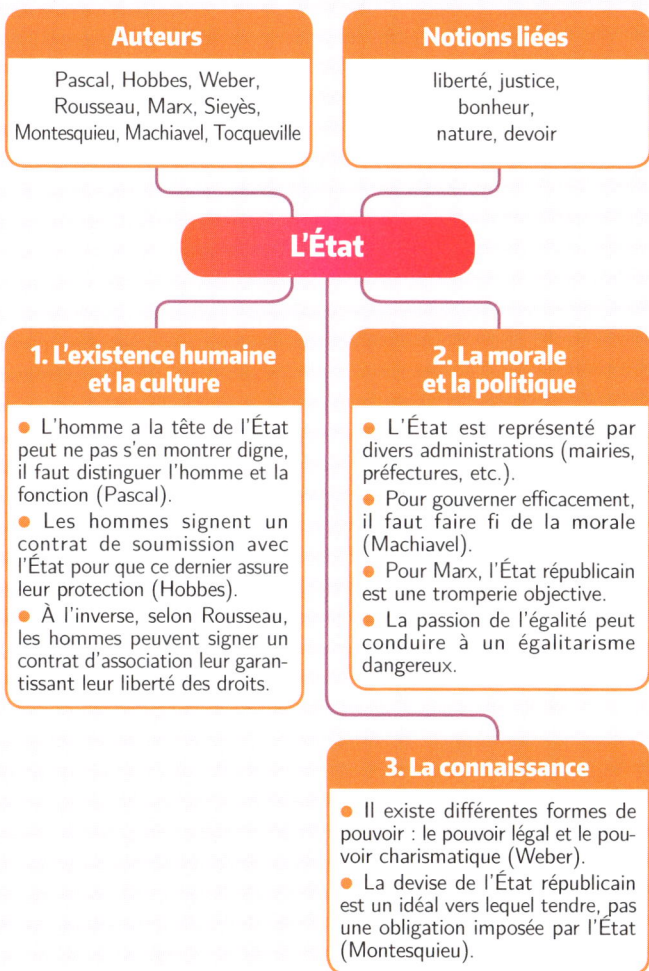

29

Auteurs

Pascal, Hobbes, Weber, Rousseau, Marx, Sieyès, Montesquieu, Machiavel, Tocqueville

Notions liées

liberté, justice, bonheur, nature, devoir

L'État

1. L'existence humaine et la culture

● L'homme a la tête de l'État peut ne pas s'en montrer digne, il faut distinguer l'homme et la fonction (Pascal).
● Les hommes signent un contrat de soumission avec l'État pour que ce dernier assure leur protection (Hobbes).
● À l'inverse, selon Rousseau, les hommes peuvent signer un contrat d'association leur garantissant leur liberté des droits.

2. La morale et la politique

● L'État est représenté par divers administrations (mairies, préfectures, etc.).
● Pour gouverner efficacement, il faut faire fi de la morale (Machiavel).
● Pour Marx, l'État républicain est une tromperie objective.
● La passion de l'égalité peut conduire à un égalitarisme dangereux.

3. La connaissance

● Il existe différentes formes de pouvoir : le pouvoir légal et le pouvoir charismatique (Weber).
● La devise de l'État républicain est un idéal vers lequel tendre, pas une obligation imposée par l'État (Montesquieu).

Pour réussir le jour J !

Œuvres

● Tocqueville, *De la démocratie en Amérique*, 1835.
Dans cet ouvrage fondateur, l'auteur (considéré comme un penseur libéral) analyse la naissance de la démocratie américaine. Il y décrit lucidement les risques d'égalitarisme qui peuvent être engendrés par un puissant idéal démocratique.

● Arendt, *Le système totalitaire. Les origines du totalitarisme (3)*, 1951.
Cet ouvrage est le troisième et dernier d'une œuvre portant sur les origines du totalitarisme. L'auteure y distingue un État totalitaire et une dictature. Pour ce faire, elle décortique les fonctionnements de l'Allemagne nazie et de la Russie stalinienne, et met en évidence le fait que l'individualité y était niée au profit de la masse ou du groupe avec une police omniprésente pour surveiller les comportements déviants.

Vocabulaire

● **Anarchie** : c'est une doctrine politique qui postule la bonté des hommes et refuse les pouvoirs politique et religieux qui la pervertissent à cause des rapports hiérarchiques qu'ils impliquent nécessairement.

● **Libéralisme** : il faut bien distinguer le libéralisme politique (Tocqueville, Constant) qui défend les libertés fondamentales (juridique, presse, expression, etc.) contre un pouvoir qui voudrait les limiter et le libéralisme économique qui refuse toute intervention de l'État hormis son domaine régalien (justice, police, armée).

● **Pouvoir totalitaire** et **pouvoir dictatorial** : le pouvoir totalitaire n'a existé qu'au XXᵉ siècle (nazisme et stalinisme) et, comme son nom l'indique, il montre une mainmise totale du pouvoir sur la société et les individus. Il n'y a plus de séparation entre le privé et le public, le pouvoir politique voulant tout régir, tout réglementer et tout surveiller. Ce pouvoir se distingue d'une dictature (ou despotisme) dans laquelle un seul gouverne directement en réduisant au maximum les corps intermédiaires. Dans une dictature, les relations politiques sont quasi inexistantes.

L'ÉTAT

1 Selon Weber, les origines du pouvoir peuvent se trouver dans la tradition, la loi et ... :
- ○ **a.** la force.
- ○ **b.** le charisme.
- ○ **c.** la naïveté.

2 Quel type d'États distingue-t-on communément des États centralisés ?
- ○ **a.** Communautaires.
- ○ **b.** Fédéraux.
- ○ **c.** Régionaux.

3 Selon Machiavel, la politique est à distinguer ... :
- ○ **a.** du droit.
- ○ **b.** de la ruse.
- ○ **c.** de la morale.

4 Dans l'état de nature, l'homme est, selon Hobbes ... :
- ○ **a.** bon avec son prochain.
- ○ **b.** totalement innocent.
- ○ **c.** un loup pour l'homme.

5 Pour Rousseau, comment est le contrat social ?
- ○ **a.** D'association.
- ○ **b.** De protection.
- ○ **c.** De soumission.

6 Comment est perçu par Marx l'État républicain ?
- ○ **a.** Un idéal louable.
- ○ **b.** Une universalité illusoire.
- ○ **c.** Un principe à défendre.

7 Quel danger peut engendrer l'égalitarisme ?
- ○ **a.** L'élection d'un tyran.
- ○ **b.** Le renversement de l'État.
- ○ **c.** La disparition des singularités.

Corrigés au verso

1 > **b.** Si pour les grecs les héros ont la faveur des dieux, l'histoire nous montre que malheureusement cette faveur ou grâce a pu être mise au service des pires dictateurs ne cherchant aucunement le bien.

2 > **b.** Les États fédéraux comme l'Allemagne ou les U.S.A. ont en leur sein des Länders ou États autonomes ayant des pouvoirs législatif, exécutif et judiciaire particuliers. Ils sont davantage décentralisés que la France, même si le pouvoir central peut intervenir partout et reste la base de l'unité politique de l'ensemble.

3 > **c.** Machiavel sépare bien la morale et la politique en montrant que cette dernière n'est qu'une technique qui peut être apprise et transmise. Cela veut dire que la politique suppose essentiellement des intérêts, des ambitions personnelles même s'ils peuvent être mis au service de tous.

4 > **c.** Cette formule de Plaute vise à montrer que sans règles communes les hommes vivent pour eux-mêmes en craignant pour leur vie qui est toujours menacée par les plus forts. C'est par la création des États que tous les hommes ont pu voir leur sécurité assurée et vivre dans ce qu'on a alors appelé une société (*socius*, associé) avec des valeurs communes.

5 > **a.** Si pour Hobbes, le contrat fondateur de la société suppose la soumission de tous au Léviathan pour assurer la paix civile, Rousseau considère au contraire que ce contrat est une association volontaire de tous pour le bien de chacun et qu'il a pour effet la liberté de tous les citoyens.

6 > **b.** L'État républicain pose des droits valables pour tous mais a le défaut aux yeux de Marx de ne pas changer les conditions sociaux-économiques qui sont les causes fondamentales des inégalités entre les hommes. Les citoyens sont égaux en droits mais, pas dans les faits et cette égalité formelle entretient l'illusion d'une véritable égalité.

7 > **c.** Si l'égalité républicaine est de droit, l'égalitarisme consiste à rechercher une égalité partout et ce faisant, à vouloir effacer toutes les différences entre les individus. S'appuyant sur un universalisme mal compris, cette approche nie les différences culturelles à tous les niveaux pour chercher une sorte de nivellement par le bas des niveaux de conscience. Les hommes doivent penser, agir de manières semblables et devenir identiques.

1 LA JUSTICE COMME INSTITUTION SOCIALE

● Selon **E. Kant**, « l'insociable sociabilité » des hommes, ruse de la nature pour parvenir à ses fins (développement de toutes les potentialités humaines) est à l'origine de rapports nécessairement conflictuels. La justice est l'==institution régulatrice== de ces rapports.

● Le droit est aussi un ==art du partage== s'exerçant par le biais d'un ==juge indépendant==. La puissance de sa parole vient de la reconnaissance de son rôle d'arbitre.

● La justice s'incarne dans des règles de ==réciprocité==. Si un sujet est titulaire d'un droit, tout autre sujet dans la même situation aura le même, et les autres sujets leur sont redevables du devoir correspondant, la transgression impliquant une réparation symétrique.

● L'équilibre entre les ==pouvoirs exécutif et législatif== est établi comme principe de toute société démocratique. Les parlementaires votent les lois, les jugent les interprètent et les font respecter. Le droit est extérieur au pouvoir politique car il s'applique également aux gouvernants.

● Le droit agit comme une ==législation externe== au sujet agissant et s'appuie sur la force publique. La morale suppose une législation interne au sujet agissant, qui s'oblige de lui-même à bien agir.

À retenir

Les **fondements du droit** peuvent s'expliquer par plusieurs critères.
- La **norme transcendante** (Platon) : la justice du monde des Idées est un idéal de justice parfaite et universelle.
- La **raison humaine** (les Lumières) : le droit est l'expression de la capacité de l'être humain à se situer du point de vue de la rationalité universelle.
- La **volonté générale** (Rousseau) : les règles juridiques expriment la volonté générale définie par le contrat social ; les causes et effets sont la liberté et l'égalité.
- La **paix civile** (Épicure) : il est dans l'intérêt de chacun de respecter les lois pour la sécurité et la tranquillité de tous.
- La **nature** (Calliclès) : il est naturel de se soumettre au plus fort qui dicte sa loi, puisque la nature fonde toute justice.
- L'**intérêt d'une classe sociale** (Marx) : le droit positif n'a aucune légitimité, il n'est que l'expression des intérêts de la classe sociale dominante.

2 LA JUSTICE ENVERS UN CITOYEN JUSTE

● Pour **Aristote**, et plus tard **T. Hobbes**, le citoyen juste est celui qui respecte les lois et la répartition des biens, sans chercher à obtenir plus que ce qu'il doit posséder. La justice est morale car il est moral de souhaiter une société où les biens sont répartis de manière égale.

● Afin que la justice s'emploie à être juste envers les hommes, il lui faut les traiter avec équité. Les droits subjectifs dits naturels (droit à la santé, à l'éducation, au logement, etc.) sont ainsi assurés par le droit objectif (lois), les droits subjectifs précédant et orientant le contenu des lois.

3 QUEL TYPE D'ÉGALITÉ EST LE PLUS JUSTE ?

● La justice distributive s'appuie sur le constat que les hommes sont inégaux. Être juste consiste à donner à chacun ce qui est conforme à sa condition ou à son mérite. La justice vise une certaine harmonie fondée sur la proportionnalité entre les individus.

● La justice commutative reconnaît l'inégalité naturelle, mais cette dernière ne légitime ni l'inégalité institutionnelle, ni l'égalité proportionnelle, car :
– chacun peut choisir, user de sa raison et de sa liberté (non déterminées par l'origine) ;
– l'égalité proportionnelle est rarement acceptée et menace la paix sociale.

4 JUSTICE LÉGALE ET JUSTICE MORALE

● **B. Pascal** constate l'impossibilité de définir la justice morale par l'observation des droits existants dans les différents pays. En effet, « la coutume fait toute l'équité par cette seule raison qu'elle est reçue ». Les conceptions juridiques des pays proviennent de leur histoire.

● Selon **K. Marx**, la justice morale ne relève pas du droit, il est une illusion vitale permettant la domination de classe sous couvert de cohésion sociale et d'intérêt général.

● Le respect de la loi n'est pas la preuve d'un désir d'égalité ou de moralité. Grâce au mythe de l'anneau de Gygès, **Platon** se demande si l'obéissance aux lois n'est pas souvent motivée par la lâcheté, la puérilité ou la peur des sanctions.

● L'égalité est le critère fondamental de la légalité. Les lois favorisant un ordre juste sont celles qui se rapprochent le plus de l'impératif pratique kantien (*cf.* devoir) et c'est sans conteste l'égalité indistincte qui l'exprime vraiment.

En perspectives

31

Auteurs

Aristote, Platon, Pascal, Kant, Rousseau, Alain, Marx

Notions liées

L'État, Le devoir, La liberté, La nature

La justice

1. L'existence humaine et la culture

- Il n'y a pas de justice morale universelle.
- La justice morale doit orienter le droit.

2. La morale et la politique

- Le droit est garant de la cohésion sociale.
- Il y a séparation des pouvoirs dans les régimes démocratiques.
- Le droit n'est pas de la morale.
- Un citoyen juste respecte les lois.
- Distinguer les droits subjectifs et objectifs.
- Distinguer les justices distributive et commutative.

3. La connaissance

- Une des origines du droit est la science juridique, à savoir une science humaine permettant de mieux connaître et comprendre le fonctionnement du droit et les principes qui le renouvellent sans cesse.

Pour réussir le jour J !

Œuvres

● *Gorgias*, PLATON.
Dans ce dialogue portant sur la justice, Socrate se demande s'il vaut mieux commettre ou subir une injustice.

● *Éthique à Nicomaque*, ARISTOTE.
L'élève de Platon s'interroge ici sur les fondements et l'exercice de la morale, pour ce faire, il se doit d'aborder les problèmes de droit et de justice.

Vocabulaire

● **Norme, règle, axiome** : ces trois concepts, même s'ils peuvent provenir de domaines différents, (mathématique, logique, morale) s'appliquent tous au droit et montrent des contraintes objectives fixées par la justice.

● **Jurisprudence** : ce sont des décisions prises par des juges à l'issue d'une interprétation spécifique d'une loi, et sur lesquelles d'autres juges peuvent s'appuyer pour rendre un jugement. Faire jurisprudence signifie qu'un jugement d'un tribunal est repris, appliqué par d'autres tribunaux, et qu'un avocat peut légitimement s'y référer pour sa plaidoirie.

● **Législateur** : c'est l'institution qui vote les lois. En France, c'est le parlement : l'Assemblée nationale et le Sénat.

● **Droit subjectif** et **droit objectif ou positif** : le droit subjectif, aussi appelé naturel, considère que tout homme a naturellement des droits (liberté, santé, éducation, etc.) qui doivent être reconnus. Le droit positif ou objectif est celui que fixe, énonce la loi, que nul n'est sensé ignoré mais qui évolue, change selon les époques.

● **Justice distributive** et **justice commutative** : la justice distributive circonscrit ce que chacun doit recevoir ou donner proportionnellement selon ses mérites ou sa condition sociale. La justice commutative se base sur le principe d'égalité qui implique qu'à chacun est due la même chose de manière indistincte malgré les différences naturelles existantes entre chaque individu.

LA JUSTICE

1 **Qui fait la loi dans notre société ?**
- [ ] **a.** Les juges.
- [ ] **b.** Les policiers.
- [ ] **c.** Les parlementaires.

2 **Sur quoi le mythe de l'anneau de Gygès permettait-il de s'interroger ?**
- [ ] **a.** L'origine de l'égalité des droits.
- [ ] **b.** La légitimité de la justice.
- [ ] **c.** Les causes de l'obéissance.

3 **Quel philosophe fait référence à la notion de droit de classe ?**
- [ ] **a.** Hobbes.
- [ ] **b.** Épicure.
- [ ] **c.** Marx.

4 **Les droits subjectifs se distinguent ... :**
- [ ] **a.** des lois.
- [ ] **b.** de la force.
- [ ] **c.** des droits objectifs.

5 **Quel est le symbole de la justice ?**
- [ ] **a.** Le sabre.
- [ ] **b.** La balance.
- [ ] **c.** Le chêne.

6 **Outre la paix sociale, qu'est-ce qui justifie l'égalité indistincte ?**
- [ ] **a.** L'égale dignité des hommes.
- [ ] **b.** La nature.
- [ ] **c.** Le bon sens.

7 **Sur quoi repose le droit des hommes selon Pascal ?**
- [ ] **a.** L'autorité politique.
- [ ] **b.** La morale.
- [ ] **c.** La coutume.

Corrigés au verso

1 > **c.** Dans une démocratie ce sont naturellement les représentants du peuple qui font la loi, les policiers et les magistrats ayant pour rôle essentiel de la faire respecter, les juges ne faisant au mieux que l'interpréter. En France, ce sont les sénateurs et les députés qui discutent un projet de loi, l'amendent ou le corrigent et votent ensuite son rejet ou son application.

2 > **c.** Un anneau permettant de devenir invisible supposerait que l'on puisse faire n'importe quoi sans risque d'être condamné(e). Ce mythe existe dans de nombreuses cultures et oblige à s'interroger sur la valeur morale d'actions légales. Platon va jusqu'à se demander s'il vaut mieux bien agir et être jugé coupable ou mal agir et être reconnu innocent.

3 > **c.** Pour Marx, la justice dans nos sociétés défend essentiellement les intérêts de la classe dominante. Mais pour paraître neutre, le droit se fait formel et pose comme principe que tous les hommes sont égaux en droits sans jamais s'interroger sur les inégalités économiques et leurs conséquences sociales néfastes entrainant la violence.

4 > **c.** Le droit objectif ou positif est celui que la loi reconnaît et qui varie selon les États, les pays et les sociétés. Le droit subjectif qu'on a appelé aussi naturel repose quant à lui sur des valeurs que l'on peut estimer universelles.

5 > **b.** C'est bien la balance qui symbolise la justice : elle cherche un équilibre pour juger des faits et reconnaitre *in fine* les coupables et victimes. Le juste équilibre du procès ne consiste jamais à favoriser l'un au dépend de l'autre.

6 > **a.** L'égalité indistincte part du principe fondamental d'une égalité de dignité entre les hommes quelques soient leurs différences intellectuelle, physique, morale ou sociale. Ainsi, les inégalités naturelles ne justifient pas une inégalité juridique ou institutionnelle qui serait une forme de mépris.

7 > **c.** Pascal a recherché un droit universel et donc valable dans tous les pays du monde. Il est obligé, selon lui, de constater qu'il y a autant de droits que de pays, la conception et la pratique du droit provenant essentiellement de leur histoire et donc de la coutume transmise.

1 LE RESPECT DES INTERDITS ORIGINELS

● Le **meurtre** est, selon **S. Freud**, l'un des deux interdits judéo-chrétiens fondateurs de nos sociétés. Avec les Grecs et les Romains, la vie humaine n'avait de valeur que pour les citoyens. Avec le christianisme, le non-respect de cet interdit remet en cause la légalité, il constitue surtout un **crime contre l'humanité**.

Citation

« Ce qui fait que l'homicide est aujourd'hui prohibé sous la menace des peines les plus fortes dont disposent nos codes, c'est que la personne humaine est l'objet d'un respect religieux qui, jadis, s'attachait à tout autres choses. » É. Durkheim, *Leçons de sociologie*.

● Le second interdit est l'**inceste**. Selon **C. Lévi-Strauss** son origine n'est ni naturelle ni liée à une connaissance des dangers des croisements endogamiques, mais s'appuie sur l'utilité première de l'échange, base de l'institution matrimoniale et condition de survie du groupe s'ouvrant ainsi à l'**altérité**. En outre, l'inceste rompant la chaîne des générations, le respect de son interdit est un devoir universel fondateur de l'humanité.

2 OBLIGATIONS SOCIALE ET POLITIQUE

● Dans les sociétés archaïques, l'**échange** est présenté par **M. Mauss** comme un « fait social total » engageant la totalité de l'être. Au sein de ces sociétés, les droits, les biens et même les personnes circulent selon un mécanisme de prestations et de contre-prestations. Ce système est obligatoire aussi bien pour le **don**, que pour le **contre-don**, tout manquement à ce devoir entraînant un conflit. L'obligation de recevoir est aussi contraignante. Enfin, le devoir de rendre le don est impératif car qui ne s'y soumet pas perd son rang et sa condition d'homme libre. Il y a donc un triple devoir : donner, accepter de recevoir, rendre.

● En 1961, lors du procès du criminel nazi Adolf Eichmann, **H. Arendt** explique pourquoi l'**obéissance conçue comme devoir** absolu engendre l'absence d'interrogation sur les fins visées, et permet d'accepter des **actes immoraux**. Lorsque le groupe prévaut sur l'individu, celui-ci a tendance à obéir aux ordres et ne se sent responsable de rien, même pas des crimes les plus odieux.

● Selon **T. Hobbes**, ce qui légitime le respect des lois au sein d'un État est l'assurance que ce dernier saura préserver la vie et la sécurité de tous ses citoyens. Si dans l'état de nature l'homme est « un loup pour l'homme » (Plaute), il devient un demi-dieu lorsqu'apparaît une société où chacun est un citoyen protégé. Comme le dit **J.-J. Rousseau**, la loi libère les hommes des rapports de force, les citoyens vivant alors libres grâce aux lois votées démocratiquement.

● C'est pourquoi, toute forme de désobéissance semble intolérable dans un État légitimement institué. Le principe de désobéissance civile, théorisé par **H. D. Thoreau**, n'est pas un droit reconnu au sein d'un système démocratique, même s'il peut se justifier par des valeurs que l'on estime supérieures (voir Antigone). Si cet État ne protège plus la vie de ses citoyens en privilégiant ses seuls intérêts, la rébellion devient justifiée selon Hobbes.

> **Info**
>
> **Antigone** est un personnage de fiction issu de la tragédie grecque, qui s'oppose à son souverain en enterrant son frère à qui on refuse toute sépulture digne de ce nom.

3 AGIR SELON LE DEVOIR MORAL (KANT)

● Un homme ne doit pas attendre l'injonction d'une règle venant de l'extérieur (loi civile ou règle sociale), mais se donner à lui-même une maxime (principe subjectif) rationnelle ayant une valeur universelle. Pour qu'un devoir soit moral, il est nécessaire, selon

> **Citation**
>
> « Agis uniquement d'après la maxime qui fait que tu peux vouloir en même temps qu'elle devienne une loi universelle. » E. Kant, *Fondements de la métaphysique des mœurs*.

E. Kant, que la volonté de l'accomplir soit l'unique source de l'action humaine. La volonté déterminée par elle-même est la volonté déterminée par la loi morale qui découle de la raison. Ainsi, « la majesté du devoir », c'est la possibilité de nous considérer comme indépendants d'un déterminisme naturel ou d'une règle sociale : il s'agit d'une action libre.

● Par son caractère intelligible, le sujet moral agit librement à partir des lois de sa seule raison. L'impératif catégorique (loi morale) impose au sujet moral d'agir comme un sujet universel. À l'inverse, l'impératif ou devoir hypothétique n'a rien de moral, il n'est qu'une condition pratique pour atteindre un but (si je veux quelque chose, je dois faire cela). Le devoir moral est un impératif indiscutable (« tu dois »), universalisable (tout homme devrait en faire autant) et désintéressé.

En perspectives

33

Auteurs

Freud, Arendt, Durkheim, Hobbes, Lévi-Strauss, Kant, Mauss, Plaute, Rousseau, Thoreau

Notions liées

justice, bonheur, conscience, liberté, État

Le devoir

1. L'existence humaine et la culture

● Le meurtre et la prohibition de l'inceste sont les deux interdits fondamentaux de toute société.

2. La morale et la politique

● Le devoir peut être une obligation sociale et politique.

● L'obéissance à des ordres immoraux peut être malheureusement pris comme un devoir catégorique.

● Les lois votées démocratiquement libèrent l'homme d'un état de nature où prévaut les rapport de force.

● Le devoir moral est la plus haute expression de la liberté humaine.

● Ne pas confondre un acte conforme à un devoir (extérieur ou imposé) et un acte fait par devoir qui, lui, est moral.

3. La connaissance

● Il nous faut avoir connaissance des lois du pays dans lequel nous vivons pour les respecter.

Pour réussir le jour J !

Œuvres

● KANT, *Les fondements de la métaphysique des mœurs*, 1785.
C'est une œuvre essentielle pour comprendre le devoir moral et notamment la distinction entre une action conforme à un devoir et celle faite par devoir, seule action morale véritable selon l'auteur.

● ARENDT, *Eichmann à Jérusalem : Rapport sur la banalité du mal*, 1963.
Dans cet ouvrage, qui a alimenté de nombreuses polémiques, Hannah Arendt tente de comprendre comment un devoir moral a pu être complètement perverti au point que de nombreux hommes en ont oublié leur responsabilité personnelle.

Vocabulaire

● **Déontologie** : c'est l'ensemble des devoirs et des règles liés à une profession. Elle concerne les médecins ou avocats par exemple et les oblige à respecter certaines règles au risque d'être sanctionnés par leur pairs (ordre des médecins et avocats), voire par l'institution judiciaire.

● **Maxime** : il s'agit d'un principe subjectif et moral, c'est-à-dire personnel, que nous nous imposons à nous-mêmes. Elle doit pouvoir être universalisée et appliquée par chaque homme. Par exemple, je peux m'imposer à moi-même d'apporter de l'aide à toute personne qui semblerait en avoir besoin et qui me solliciterait ou non. Aucune loi ne m'y impose (excepté le principe de non-assistance à une personne en danger physiquement), toutefois il peut s'agir d'une maxime, d'un devoir moral que tout à chacun peut s'approprier, devenant ainsi un principe universel.

● **Impératif** : il ne faut pas confondre un impératif hypothétique qui n'est finalement qu'utilitaire ou intéressé (si je veux ça, alors je dois faire ça) et un impératif catégorique, seul impératif vraiment moral et universalisable qui oblige sans condition (« tu dois ! »).

LE DEVOIR

1 **Selon Marcel Mauss, le système des dons réciproques est ... :**
- ☐ **a.** un fait social total.
- ☐ **b.** un impératif économique.
- ☐ **c.** une obligation juridique.

2 **Aux yeux de Hannah Arendt, Eichmann est ... :**
- ☐ **a.** un soldat ignorant.
- ☐ **b.** un bureaucrate banal.
- ☐ **c.** un assassin pervers.

3 **Qui a théorisé la formule de Plaute : « l'homme est loup pour l'homme » ?**
- ☐ **a.** Aristote.
- ☐ **b.** Kant.
- ☐ **c.** Hobbes.

4 **Quelle est, selon Hobbes, la première raison justifiant la création d'un État ?**
- ☐ **a.** Le bonheur du plus grand nombre.
- ☐ **b.** La sécurité de tous.
- ☐ **c.** La liberté pour chacun.

5 **Quel philosophe a théorisé la désobéissance civile ?**
- ☐ **a.** Rousseau.
- ☐ **b.** Hobbes.
- ☐ **c.** Thoreau.

6 **Qu'est-ce qu'un principe subjectif d'action ?**
- ☐ **a.** Une maxime.
- ☐ **b.** Une règle imposée.
- ☐ **c.** Un ordre donné.

7 **De quoi se distingue un impératif hypothétique ?**
- ☐ **a.** D'un désir immédiat.
- ☐ **b.** D'un souhait.
- ☐ **c.** D'un impératif catégorique.

Corrigés au verso

1 ➤ **a.** Mauss montre grâce à son étude du fameux potlatch des amérienindiens que tout échange de biens n'est pas seulement économique mais a une valeur psychologique, sociale, juridique, politique et même religieuse au sens d'un lien magique entre le bien et l'individu qui donne ou reçoit.

2 ➤ **b.** Eichmann n'avait pas le pouvoir de prendre des décisions politiques engageant l'Allemagne. S'il était tout de même res-ponsable de toute l'organisation des transports vers les camps de la mort, sa responsabilité se limitait à son aspect administratif. S'il savait où les victimes allaient et pourquoi, il n'a tué personne et comme des millions d'autres, n'a fait qu'obéir aux ordres en confondant son devoir de soldat avec un devoir moral. Si le mal auquel il a participé n'a rien de banal, la banalité était celle d'un homme faisant chaque jour son travail sans se sentir responsable de ses conséquences.

3 ➤ **c.** L'état de nature peut être caractérisé par l'absence d'État et donc d'un pouvoir pouvant imposer des règles communes. C'est donc une situation terrible où les plus forts dominent les plus faibles et dans laquelle la vie de chacun est sans cesse menacée.

4 ➤ **b.** C'est bien la sécurité de tous qui justifie la création des États selon Hobbes puisque sans État chacun vit dans la peur constante de mourir.

5 ➤ **c.** La désobéissance civile n'est possible que dans un régime démocratique et si elle peut parfois être moralement légitimes, elle ne peut jamais être un droit puisqu'une loi démocratique suppose par principe son respect.

6 ➤ **a.** Une maxime est une règle d'action que l'on se donne à soi-même et qui, pour être morale doit pouvoir être respectée et appliquée par tout homme. Une maxime est donc morale seulement lorsqu'elle est universalisable.

7 ➤ **c.** Un principe hypothétique repose simplement sur l'hypo-thèse (si...) d'un but et du moyen (alors...) pour l'atteindre. Un principe devient au contraire catégorique lorsqu'il repose sur une loi qui s'impose quelle que soit mon désir ou mon intérêt. Nous ne sommes plus dans une simple hypothèse mais dans un devoir ("tu dois") que l'on se donne à soi-même et qui devrait être respecté par tout homme dans la même situation.

1 AUCUNE LIMITE À LA LIBERTÉ

● **R. Descartes** affirme que la volonté humaine est infinie. À l'inverse, notre entendement est limité et n'est donc pas capable d'expliquer notre volonté, qui le dépasse. S'il essaie de la saisir en la fragmentant, comme il le ferait d'un problème théorique, il s'éloigne de toute possibilité de la comprendre, car cette dernière, parce qu'elle est infinie, est indivisible.

● Ce décalage entre volonté infinie et entendement limité est à l'origine d'erreurs. Notre volonté peut refuser la vérité, malgré ce que l'entendement lui présente. Cette erreur est ainsi la preuve de notre liberté. À l'inverse, un animal ne se trompe pas grâce à son instinct et n'est donc pas libre.

● Descartes décrit, par ailleurs, le doute systématique comme une puissance infinie de résistance et une façon pour l'homme d'exercer sa liberté de penser. Aucune manipulation (malin génie), illusion, séduction idéologique, ne seront assez puissantes pour égaler et surpasser la liberté d'un esprit qui doute.

● Notre libre arbitre exprime un pouvoir absolu de décision, qui s'éprouve dans le choix. Descartes utilise la métaphore des promeneurs égarés dans une forêt pour montrer les choix nécessaires dans la vie des hommes, la liberté d'indifférence étant, pour l'auteur, le plus bas degré de liberté.

2 UNE LIBERTÉ ILLUSOIRE

● Pour **P. Bourdieu**, nos choix semblent libres mais sont influencés par nos origines sociales et notre éducation. Le choix des études supérieures, d'une profession, nos goûts esthétiques sont le produit d'un déterminisme social (habitus de classes).

● Selon **Spinoza**, l'orgueil pousse l'homme à se croire « dans la nature comme un empire dans un empire » (*Éthique*, III), comme si sa volonté était toute-puissante. Pourtant, on peut consentir à quelque chose par nécessité, par faiblesse et non par choix délibéré. Par exemple, on peut travailler uniquement par nécessité vitale et sociale. Ainsi, pour **Freud**, ce que nous estimons être un choix libre n'est que le résultat d'un principe de réalité qui restreint nos possibilités.

3 ❘ LES DÉTERMINISMES : ABSENCE DE FATALITÉ

● Un déterminisme est une relation plus ou moins nécessaire entre une cause et un effet. Il permet d'exercer notre liberté : puisque si nous avons connaissance d'une cause, nous pouvons essayer d'en modifier les effets. Le déterminisme s'oppose en cela au **fatalisme**, sous l'angle duquel nous subissons notre destin et sommes incapables de le changer.

● Dans le domaine intellectuel, l'approche déterministe est obligée de laisser place à la **liberté du penseur**, sous peine de faire émerger des contradictions insurmontables. Si tout était déterminé, un scientifique ne pourrait justifier l'existence de ses théories. L'enseignement reçu par **Einstein** et ses rencontres ont été essentiels pour l'élaboration de sa théorie.

4 ❘ UN ESPRIT ÉCLAIRÉ EST LIBRE

● Grâce à son **entendement**, l'homme peut orienter sa liberté dans la recherche de la vérité et du bien. Si l'erreur est signe de liberté, ce n'est cependant qu'une preuve négative de celle-ci et il faut incontestablement lui préférer un jugement valide. La modestie et l'honnêteté du scientifique qui préfère se taire que d'affirmer une chose fausse expriment ainsi son exigence intellectuelle et sa liberté de conscience.

● Il serait par ailleurs naïf de penser que nous pouvons agir sans raison. L'**acte gratuit** décrit par **A. Gide** dans *Les Caves du Vatican*, n'est autre que l'acte d'un faible : son personnage tue un vieillard pour se prouver qu'il est libre, alors que son acte révèle son impuissance à savoir pourquoi il agit et devient un prétexte inconscient. Ainsi, tout acte est d'autant plus libre que le sujet agissant en a conscience et l'assume lucidement.

5 ❘ LES VALEURS MORALES

● S'il ne peut y avoir de liberté sans **responsabilité**, l'inverse est également vrai. La responsabilité suppose un choix volontairement assumé. Il n'y aurait en effet ni morale ni justice, ni devoir, ni droit pour un être dont les actes seraient complètement déterminés et lui échapperaient nécessairement.

● Pour **E. Kant**, la possibilité de respecter une loi morale détache l'homme de sa nature et montre sa liberté. Toutefois, il n'y a pas d'évidence pour une volonté morale, ce qui suppose une exigence envers soi. Chaque situation exprime la qualité morale de nos décisions, pour que la liberté ne soit pas uniquement de principe mais effective : c'est toute la vie d'un homme qui doit être bonne.

En perspectives

35

Auteurs	Notions liées
Descartes, Kant, Spinoza, Bourdieu, Freud, Gide	conscience, nature, devoir, état, art

La liberté

1. L'existence humaine et la culture

● La volonté des hommes est infinie, mais leur entendement est limité (~~Kant~~ Descartes).
● Le fait de douter est une preuve de la liberté humaine (Descartes).
● Le libre-arbitre permet aux hommes de choisir.
● Nos choix sont influencés par des déterminismes sociaux (Bourdieu).
● Nos choix doivent faire face à un principe de réalité (Freud).
● Toute action peut avoir une cause ignorée, inconsciente.

2. La morale et la politique

● La liberté implique d'être responsable.
● Aucune valeur morale n'est possible sans une liberté fondatrice (Kant).

3. La connaissance

● La limite de l'entendement humain est source d'erreurs.
● Le déterminisme n'est pas le fatalisme, il nous permet de choisir, car nous avons connaissance de la cause et pouvons en modifier les effets.
● Toute pensée suppose la liberté du penseur.
● Lorsque notre volonté est éclairée, elle renforce notre liberté.

Pour réussir le jour J !

Œuvres

● ÉPICTETE, *Manuel*, 125 av. J.-C.
Épictète est un esclave affranchi qui a fortement influencé la pensée de tous les stoïciens, notamment leur conception de la liberté, et l'exigence rationnelle et morale qu'elle suppose.

● DESCARTES, *Correspondance avec Élisabeth et autres lettres*, 1649.
Descartes a beaucoup correspondu dans sa vie notamment avec des reines, des jésuites et des savants. Dans ses lettres, il répond souvent à ses interlocuteurs en s'interrogeant lui-même sur la portée morale et pratique de sa philosophie.

Vocabulaire

● **Déterminisme** : c'est une relation de cause à effet. Dans les sciences exactes, la relation est nécessaire car une loi la rend universelle, alors que dans les sciences humaines, l'homme empêche souvent toute nécessité car sa liberté le rend imprévisible.

● **Contingence** : c'est ce qui n'est pas nécessaire et est donc aléatoire. Un rapport contingent est un rapport qui aurait pu être autre et n'a donc aucune nécessité.

● **Responsabilité** : la responsabilité concerne à la fois l'action d'un individu et les conséquences de celle-ci. Un individu est libre parce qu'il assume ses actes et tous leurs effets.

● **Fatalisme** : c'est une doctrine philosophique ou religieuse qui affirme que tout ce qui arrive est inéluctable. On ne peut que subir passivement ce qui arrive et arrivera, puisque l'homme n'a aucune possibilité, aucun pouvoir pour changer le monde et la réalité.

● **Autonomie** : l'autonomie est la possibilité qu'a l'homme de se donner lui-même des règles de conduite et donc d'orienter sa propre vie.

● **Aliénation** : en philosophique, il désigne une absence de liberté (*alienus*, autre que soi) puisqu'un individu aliéné par exemple dans son travail est traité comme une chose. Le summum de l'aliénation est lorsque l'on ne s'aperçoit pas de son aliénation, un peu comme un aliéné mental qui n'a pas conscience de sa démence.

LA LIBERTÉ

1 L'erreur est ... :
- ○ **a.** une faute.
- ○ **b.** impossible.
- ○ **c.** humaine.

2 Dans la pratique, ne pas choisir est ... :
- ○ **a.** un choix.
- ○ **b.** un plaisir.
- ○ **c.** possible.

3 Pour Spinoza, l'homme se croit comme un empire dans ... :
- ○ **a.** un bocal.
- ○ **b.** un empire.
- ○ **c.** une prison.

4 Qu'est-ce qui se rattache (illusoirement) à la perfection du libre-arbitre ?
- ○ **a.** La soumission.
- ○ **b.** L'acte gratuit.
- ○ **c.** L'opposition.

5 Pour que notre volonté avance plus sûrement, elle doit être ... :
- ○ **a.** accompagnée.
- ○ **b.** précédée.
- ○ **c.** éclairée.

6 La liberté implique nécessairement ... :
- ○ **a.** l'absence de contraintes.
- ○ **b.** le refus de tout principe.
- ○ **c.** la responsabilité de ses actes.

Corrigés au verso

1 > **c.** Toute erreur est l'expression d'un mauvais jugement et provient donc de notre volonté qui s'est précipitée et n'a pas été attentive à la raison. L'erreur est donc profondément humaine, ce qui ne veut pas dire qu'elle soit toujours négative puisqu'on sait que de nombreuses erreurs ont permis des découvertes dans de multiples domaines.

2 > **a.** Dans la pratique ou action, il est impossible d'être neutre et de n'être responsable de rien. Un homme qui par exemple ne prend parti pour aucune idée ou décision politiques et croit ainsi n'avoir pas à assumer les conséquences d'un mauvais choix se trompe profondément : son refus de choisir est bien un acte de sa volonté. Le choix de la neutralité est toujours un choix libre.

3 > **b.** Pour Spinoza, c'est une attitude à la fois vaine et orgueilleuse de se croire libre dans un monde complétement déterminé.

4 > **b.** L'acte gratuit n'existe pas puisqu'il repose sur l'idée naïve selon laquelle on peut agir sans raison assumée ou même sans cause inconsciente lui donnant un sens. Or, lorsqu'on cherche les raisons d'une mauvaise action, on trouve toujours une cause sociale ou familiale inavouée ou non reconnue. En ce sens, Sartre dirait qu'un acte gratuit est l'expression de la mauvaise foi.

5 > **c.** Descartes montre d'abord que la volonté des hommes est cause et même preuve de leur liberté. Pour autant, affirmer que $2 + 3 = 7$ est d'une certaine façon un acte de liberté mais d'une liberté négative et incapable de se justifier. Descartes montre clairement qu'il y a des degrés de liberté et que la liberté la plus haute est bel et bien éclairée par la raison.

6 > **c.** Si l'on peut légitimement parler de liberté avec les droits qui l'accompagnent, il est tout aussi nécessaire logiquement de parler de devoir c'est-à-dire de l'obligation qu'a tout homme d'assumer les conséquences de ses actes libres. Il serait incohérent d'affirmer sa liberté et en même temps de refuser sa responsabilité.

1 LE BONHEUR COMME SOUVERAIN BIEN

● Selon **Aristote**, toute l'activité humaine ne vise que le bonheur, mais seul le <mark>sage</mark>, qui veut élever son esprit, représente le bonheur le plus louable pour l'humanité. Il ne poursuit aucun intérêt extérieur et n'utilise pas son intelligence pour dominer les autres.

Citation

« Ce qui est propre à l'homme, c'est donc la vie de l'esprit, puisque l'esprit constitue essentiellement l'homme. Une telle vie est également parfaitement heureuse. » Aristote, *Éthique à Nicomaque*.

● Si la <mark>vie pratique et politique</mark> est inférieure à la vie contemplative, elle est aussi la condition du bonheur de l'érudit. L'étude désintéressée n'est possible que dans une société apaisée. Il y a donc un lien entre la société et la vie contemplative, entre la paix sociale et le bonheur du penseur. C'est pourquoi, pour **A. Camus**, le sage est « solitaire et solidaire ensemble ». L'activité intellectuelle personnelle est une participation à ce que l'humanité a de plus élevé.

2 LE STOÏCISME

● Pour les stoïciens, être heureux signifie désirer les choses telles qu'elles sont. Ce <mark>consentement</mark> n'est pas une résignation, mais la prise de conscience que le bonheur dépend du jugement de notre volonté. Les stoïciens estiment qu'il n'y a pas de bonheur possible sans <mark>vertu</mark> (accomplissement parfait d'une fonction naturelle ou pratique). La vertu d'un homme est de faire bon usage de sa raison pour bien penser et agir.

● Pour les stoïciens, nous possédons une <mark>liberté intérieure</mark> qui s'appuie sur le bon usage des représentations s'offrant à notre esprit, mais n'en dépendant pas (par exemple, le temps qu'il fait). Au lieu de subir ces représentations, il s'agit de les accepter, de les juger librement et d'y être indifférent(e). Mon assentiment est libre et peut me rendre heureux.

3 *LETTRE À MÉNÉCÉE (ÉPICURE)*

● Pour **Épicure**, le bonheur est essentiel : « lorsqu'il est à nous, nous avons tout, et quand il nous manque, nous faisons tout pour l'avoir ». L'<mark>épicurisme</mark> est une invitation à faire un usage raisonnable de notre pensée pour identifier ce qui nous rend heureux, et ce qui nous permettra d'atteindre l'ataraxie (absence de troubles pour l'âme). La philosophie n'est qu'une étape vers la découverte du plaisir.

● Toutefois, si la philosophie enseigne l'apprentissage du plaisir, elle nous apprend avant tout le bon usage de ce dernier. Pour cela, il faut essayer de se contenter de peu de choses. L'absence d'excès amène à une juste mesure du plaisir celui-ci permettant la stabilité de l'âme.

4 LE BONHEUR : UN IDÉAL DE L'IMAGINATION

● En opposition aux conceptions eudémonistes du bonheur (le bonheur considéré comme but universel), **E. Kant** montre que ce dernier ne peut être défini et appliqué de manière identique pour tous. Chaque homme n'aspire pas à la même chose, et il n'est pas l'unique résultat de notre volonté. Il est donc « un idéal, non de la raison mais de l'imagination ».

● Si la vertu est une qualité appartenant à la volonté morale, le bonheur est régi par les lois de la nature. Aussi, être vertueux n'engendre aucune promesse de bonheur. Cependant, vertu et bonheur ne sont pas incompatibles. Ainsi, il ne faut pas rechercher le bonheur par pur égoïsme, au risque de devenir « un salaud heureux » (J.-P. Sartre). Pour Kant, en agissant bien, un homme peut ressentir un certain contentement à se sentir digne de son humanité.

5 LA VIE COMME CRÉATION JOYEUSE (BERGSON)

● Pour **Bergson** la création au sens large engendre la joie, parce qu'elle est cause et conséquence d'elle-même et n'a aucun besoin d'être justifiée. Elle est associée à la vie comme création incessante de soi. Si la naissance est déjà une création, continuer à inventer, à imaginer sa vie, c'est poursuivre un « élan vital » (Bergson). La joie est en elle-même créatrice, ouverture

> **Citation**
>
> « si [...], dans tous les domaines, le triomphe de la vie est la création, ne devons-nous pas supposer que la vie humaine a sa raison d'être dans une création qui peut, à la différence de celle de l'artiste et du savant, se poursuivre à tout moment chez tous les hommes ? »
> H. Bergson, *L'Énergie spirituelle*.

à l'autre, au monde, capacité infinie à le comprendre, à le transformer.

● Quand il n'y a pas de joie, il y a parfois des petits plaisirs qui sont souvent mesquins et destructeurs. Un désir, au contraire, ne connaît pas de limite et demande toujours à se diversifier. Une âme joyeuse est donc créatrice de joie. C'est vrai pour la création artistique, mais aussi pour la vie elle-même qui peut devenir joyeuse.

En perspectives

37

Auteurs

Aristote,
les stoïciens, Épicure,
Kant, Bergson

Notions liées

désir, art,
nature, liberté,
temps, devoir

Le bonheur

1. L'existence humaine et la culture

● Le sage aristotélicien est un modèle spirituel de bonheur.
● Le bonheur dépend de mon jugement sur la réalité.
● Le bonheur peut être compris comme un plaisir sobre provenant d'un désir naturel.
● La vie comme création de soi engendre la joie : celle-ci n'étant pas réductible à un simple plaisir.

2. La morale et la politique

● Le bonheur se distingue de la morale.

3. La connaissance

● Le savoir désintéressé rend heureux.

Pour réussir le jour J !

Œuvres

● SÉNÈQUE, *De la vie heureuse*, 58 ap. J.C.
Le stoïcien Sénèque s'interroge dans cet ouvrage sur le bonheur que recherchent tous les hommes. Il leur reproche de confondre le souverain bien et les plaisirs immédiats, peu louables.

● MILL J-S, *L'utilitarisme*, 1863.
Dans cet ouvrage, Mill défend une thèse que beaucoup d'auteurs, considérés comme libéraux, vont reprendre et généraliser notamment dans le domaine de l'économie : le principe de moralité et de bonheur est l'utilité.

Vocabulaire

● **Hédonisme** : conception qui considère le plaisir comme une valeur morale. Si l'on peut considérer les épicuriens comme des hédonistes, il faut tout de même se rappeler qu'ils n'acceptaient pas tous types de plaisirs (surtout ceux qui ne sont ni naturels, ni nécessaires). Ils rejetaient aussi les plaisirs immédiats et sans limite. À l'inverse, Aristippe de Cyrène les prônait.

● **Eudémonisme** : doctrine qui considère le bonheur comme finalité ou valeur suprême de la vie. C'est une conception assez générale chez les Anciens et qui a été remise en cause par Kant. Ce dernier considère, en effet, que la valeur morale prime sur le bonheur.

● **Vertu** : pour les Grecs, c'est une force et la qualité essentielle d'un être. Toute chose a alors sa vertu propre, la terre sa fertilité, le couteau son tranchant. La vertu est donc l'accomplissement parfait de la fonction d'une chose ou d'un être vivant. Pour un homme, être vertueux consiste à faire un bon usage de sa raison, puisque c'est ainsi qu'il peut vraiment mettre en action ses capacités d'homme.

● **Souverain bien** : c'est le bien considéré comme un absolu, ne dépendant de rien d'autre et ayant donc sa valeur en lui-même. Si l'on pense que le bonheur est un souverain bien, cela signifie qu'il ne dépend pas de causes matérielles ou extérieures, mais qu'il est un état de bien-être intérieur se suffisant à lui-même.

LE BONHEUR

1 Que faut-il au sage selon Aristote pour exercer son activité ?
- a. De l'argent.
- b. Du loisir.
- c. Du pouvoir.

2 Le sage est un ... :
- a. contemplatif.
- b. rêveur.
- c. décideur.

3 Comment les stoïciens appellent-ils ce qui ne dépend pas de moi ?
- a. L'infortune.
- b. Les indifférents.
- c. Le manque.

4 Comment, avec d'autres, Épicure nomme-t-il l'absence de trouble ou d'excès ?
- a. La piété.
- b. La félicité.
- c. L'ataraxie.

5 Quelle est selon Épicure la vertu nécessaire au plaisir quotidien ?
- a. La prudence.
- b. La méfiance.
- c. La patience.

6 Pour Kant, le bonheur est un idéal de ... :
- a. la raison.
- b. la sensibilité.
- c. l'imagination.

7 Pour Kant, il faut être ... :
- a. content de vivre.
- b. parfaitement heureux.
- c. digne d'être heureux.

Corrigés au verso

1 **> b.** Il ne faut surtout pas donner au loisir la signification qu'on lui donne de nos jours car les grecs ne l'associaient pas à l'absence de travail, mais à l'absence de contrainte extérieure. Autrement dit, le sage travaille, c'est-à-dire a une activité de réflexion qui demande beaucoup de temps et qui ne peut se développer sous une contrainte quelconque.

2 **> a.** Là aussi il faut se méfier d'une forme d'anachronisme en donnant au terme de contemplatif une signification actuelle. Le sage aristotélicien n'est ni un religieux ni un rêveur, mais un penseur qui réfléchit et essaie de comprendre le monde de façon désintéressée. Il ne doit pas alors non plus être confondu avec un intellectuel engagé parce qu'il reste volontairement un peu en retrait de la société.

3 **> b.** Ce qui dépend de moi, c'est l'usage rationnel de ma volonté, ce qui signifie que tout ce sur quoi je n'ai aucune influence m'est indifférent. En revanche, mon jugement sur eux m'est tout à fait propre et dépend donc bien de moi, ce qui montre ma liberté même lorsque l'objet sur lequel porte mon jugement m'échappe complètement.

4 **> c.** Cette absence de trouble de l'âme repose non pas sur l'excès et encore moins sur le refus des désirs, mais sur leur juste mesure. Il s'agit de trouver une harmonie spirituelle (ataraxie) et un bien-être corporel (aponie) afin d'exprimer au mieux notre plaisir de vivre.

5 **> a.** La prudence dans la vie quotidienne est une vertu tout à fait pratique qui vise à choisir ce qui est bon pour notre humanité et à écarter ce qui la rabaisse.

6 **> c.** On ne peut définir le bonheur en lui donnant des propriétés universalisables puisque chacun l'imaginera différemment selon sa culture, ses aspirations et ses désirs. On ne peut donc le définir et donc lui donner un contenu précis valable pour tous.

7 **> c.** Si le bonheur n'est pas définissable conceptuellement et restera toujours un idéal de notre imagination, la conséquence est que mon idéal peut n'avoir rien de moral et viser simplement mon intérêt propre au détriment de celui des autres. On peut même être un salaud heureux et donc immoral. Du point de vue moral, il s'agit toujours de bien agir, la bonne action n'entraînant pas nécessairement le bonheur.

FOCUS SUR LES CONCEPTS

1 *COGITO, ERGO SUM* (DESCARTES)

> La conscience, p. 11

● La **métaphysique cartésienne** est indissociable d'une première distinction entre l'**âme** et le **corps**. Par âme, il faut comprendre «**pensées**», ou bien encore «**conscience**». Pour **Descartes**, l'âme est le siège de notre pensée, à savoir ce «que nous percevons immédiatement par nous-même» (*Les principes de la philosophie*). Ainsi, imaginer, affirmer, nier, souhaiter quelque chose, ou encore **douter**, tout cela relève de notre pensée, et donc de notre conscience. C'est donc à partir du doute que l'on peut parvenir à une première **certitude fondatrice** : pour douter, il faut nécessairement un «je» qui doute. Cela implique donc la certitude d'une conscience pensante : douter, c'est penser. Dès lors, l'évidence du *cogito* (je pense) est inébranlable et ne peut être remis en question.

● Toutefois, le *cogito* ne relève pas d'une simple **certitude psychologique**, mais est bel et bien d'ordre **métaphysique**. Le **moi psychologique** (ou **empirique**) est personnel, changeant et dépend des origines, de la culture, de l'éducation de chaque individu. Au contraire, le moi métaphysique (ou **transcendantal**) transcende les origines individuelles et témoigne d'une **capacité universelle à penser**, condition nécessaire à toutes activités théorique et pratique. En ce sens, la conscience est une activité de **synthèse** permettant d'unifier, de rendre cohérent la diversité infinie du monde pour mieux le comprendre.

2 LES PETITES PERCEPTIONS (LEIBNIZ)

> L'inconscient, p. 17

● Si la notion d'**inconscient psychique** est propre à Freud, certains auteurs avaient déjà mis au jour des phénomènes qualifiés d'inconscients. Aussi Leibniz parle-t-il des **petites perceptions** qui nous parviennent sans cesse, si infimes et si nombreuses qu'on ne les perçoit pas distinctement, et qui, cependant, nous animent. S'accumulant, les petites perceptions de même nature peuvent cependant nous laisser une impression telle, qu'elles **s'impriment dans notre conscience**, alors même qu'elles sont **imperceptibles**. Leibniz illustre sa thèse, en nous invitant à faire l'expérience du mugissement de la mer. Lorsque nous entendons le bruit de la mer, affirme-t-il, c'est l'entrechoquement des vagues dans leur globalité qui nous parvient. Toutefois, pour que la perception de cette globalité ait lieu, nous percevons inconsciemment chaque gouttelette d'eau (à savoir les petites perceptions), qu'il nous serait, néanmoins, impossible de percevoir sans la **pluralité des vagues**, qui quant à elles, ne pourraient être audibles, sans l'**assemblage des petites perceptions** (*Nouveaux Essais sur l'entendement humain*).

3 L'ART CONSIDÉRÉ COMME UN SIMULACRE : LA *MIMÈSIS* (PLATON)

> **L'art, p. 47**

● Dans le livre X de la *République*, **Platon** met en scène une discussion entre Glaucon et Socrate, dans laquelle ce dernier pose la question suivante : « Quel but se propose la peinture relativement à chaque objet ? Est-ce de représenter ce qui est tel qu'il est, ou ce qui paraît tel qu'il paraît ; est-ce l'imitation de l'apparence ou de la réalité ? » Et Glaucon de répondre : « De l'apparence ». Aussi, « l'art d'imiter est donc bien éloigné du vrai [...] », selon Socrate. Pour Platon, la nature est la plus grande des artistes, elle est la représentation de la **perfection.** Aussi, dans de telles circonstances, comment l'artiste pourrait-il reproduire la réalité, atteindre la perfection ? Il semble que l'enjeu soit perdu par avance : un peintre peut reproduire le travail d'un menuisier, peut représenter un lit, mais jamais il ne sera en mesure de maîtriser cet art. Le résultat de son travail s'apparente à une simple **imitation** (ou **mimèsis**) qui ne permet aucunement d'atteindre l'**essence** de l'objet représenté, ce dernier n'étant qu'un **moindre-être** (et non pas un non-être, puisqu'il existe malgré tout), le peintre s'apparente, dès lors, à un **faussaire de la réalité**.

4 L'HOMME EST LIBRE, CAR CRÉATEUR DE PRINCIPES MORAUX (KANT)

> **La liberté, p. 101**

● **Kant** explique, en effet, que c'est précisément la possibilité qu'a l'homme de poser et respecter une **loi morale** qui montre sa liberté en donnant du sens à celle-ci. Ce faisant, un homme se détache de sa nature, à savoir de ses instincts, et agit à la suite d'une décision rationnelle et libre. Un tel homme n'est pas asservi par sa propre nature mais exerce sa liberté en se fixant des **maximes** qui guident ses actes. Toutefois, l'homme est un être de raison et de sensibilité, aussi peut-il croire qu'il agit à la suite d'une décision rationnelle et lucide, alors qu'il a pu être séduit. En effet, **Kant** précise qu'il est improbable qu'un acte soit purement moral et désintéressé : il est difficile pour un homme d'agir simplement par devoir. Il n'y a jamais d'évidence, de certitude pour une volonté morale, ce qui suppose une exigence et une lucidité vis-à-vis de soi. Notre **libre arbitre** n'est pas défini ou déterminé à l'avance. C'est, en effet, dans chaque situation qu'il exprime la qualité morale de nos décisions et pourra peut-être nous faire regretter nos décisions. C'est toute la difficulté de la liberté, car d'un point de vue moral ce n'est pas seulement l'existence de notre libre arbitre qui soulève un problème mais son usage : le passage d'une intention bonne à une action louable. Il faut absolument les deux (intention bonne et passage à l'acte) pour que la liberté ne reste pas celle d'une «belle âme» (Hegel), nourrie par d'honnêtes idées ou valeurs, mais n'agissant pas pour les rendre effectives. Les principes moraux ne possèdent aucune valeur s'ils restent à l'état de principe sans être respectés par une volonté tenace et exigeante envers elle-même. C'est tout ce qui donne du sens à la liberté d'un homme, car une action morale n'est jamais suffisante, c'est toute sa vie qui doit être bonne, ce qui est loin d'être une tâche facile.

5 LE MYTHE D'ER LE PAMPHYLIEN

> La vérité, p. 71

● Le mythe d'Er le Pamphylien, mythe sur la **réincarnation des âmes**, vient clôturer le Livre X de la *République* : Er, soldat mort au combat, est mandaté par les dieux pour faire le récit aux mortels de la manière dont s'effectue le choix des vies suivantes dans le processus de réincarnation des âmes. Une fois le choix des vies effectué, les âmes «se mirent en route vers la plaine du Léthé, par une chaleur terrible et étouffante. [...] Et là, au bord de ce fleuve Amélès, dont aucun récipient ne peut contenir l'eau, elles établirent leur campement, car la nuit approchait. Toutes devaient boire une certaine quantité de cette eau, mais celles qui n'étaient pas protégées par l'exercice de la raison réfléchie, en buvaient plus que la mesure prescrite. Celle qui buvait, à chaque fois oubliait tout le passé.» Aussi, tout l'enjeu de ce mythe platonicien est la volonté de dépasser et de vaincre le Léthé, cette plaine de l'oubli, et de reconstituer l'*aletheia* : la vérité, l'absence d'oubli par la **réminiscence**. Puisque l'être humain se retrouve plongé dans une reconquête de la vérité, quoi de mieux que de mener cette recherche par une **quête philosophique**.

6 « LE CŒUR A SES RAISONS QUE LA RAISON NE CONNAÎT PAS. » (PASCAL)

> La raison, p. 77

● **Pascal**, bien que mathématicien et physicien, et étant convaincu par les vertus de la raison, **souhaite tempérer une raison orgueilleuse**, **toute puissante**, supérieure à la raison du cœur. La seule raison ne saurait pleinement expliquer les vérités ineffables dont l'unique origine reste mystérieuse et que l'**intuition** peut permettre de percer à jour. En effet, dans son ouvrage les *Pensées*, Pascal estime que «nous connaissons la vérité non seulement par la raison, mais encore par le **cœur**» et que «c'est de cette dernière sorte que nous connaissons les premiers principes et c'est en vain que le raisonnement, qui n'y a point de part, essaie de les combattre». Pour Pascal, il faut veiller à ne pas faire de la raison, à savoir l'enchaînement sec de causes et de conséquences, l'unique source de la vérité, mais accepter avec humilité l'**origine mystérieuse**, voire **divine** de cette dernière, et ainsi **conserver une part d'instinct** dans son élucidation.

● En ce sens, on peut dire que Pascal nous pousse à écarter **deux approches** en apparence contraires : d'abord la paresse intellectuelle que représente à ses yeux tout **scepticisme** aboutissant logiquement au doute, c'est-à-dire à l'acceptation de l'ignorance ; mais aussi l'**orgueil stoïcien** d'une raison «**superbe**» ne s'apercevant pas des limites humaines. Cette approche a le mérite de distinguer l'**apologie de la raison et son éloge**, permettant de garder la **distance critique**, historique, suffisante pour ne pas être pas aveuglés par les productions intellectuelles ou scientifiques de notre époque.

7 LA VIE COMME CRÉATION JOYEUSE (BERGSON)

> **Le bonheur, p. 107**

● Si **Bergson** souligne souvent, comme nous le verrons, la **vacuité des plaisirs**, il évoque assez peu le bonheur, comme s'il était inaccessible à l'homme, alors que, sous l'influence de Spinoza, il parle à plusieurs reprises de la **joie**. Il s'agit probablement d'une notion davantage à la portée des hommes, à la seule condition que nous attachions à être nous-même et créateurs de notre propre vie. Ainsi, la **création** au sens large (non circonscrite à la création artistique) engendre la joie, parce qu'elle ne se fixe aucune limite objective et utilitaire. Elle est cause et conséquence d'elle-même et n'a donc aucun besoin d'être justifiée par une forme quelconque de profit immédiat. La création est alors associée à la vie, au fait **d'être et de donner du sens au monde** et à ce qu'on y fait. La joie est sans limite : la vie comme création incessante de soi repousse par nature tout ce qui l'enferme et l'oblige à se contenir en elle-même. Si la naissance est déjà une création et non une duplication, continuer à inventer, à imaginer sa vie, c'est poursuivre ce que Bergson appelle un «**élan vital**». On peut alors affirmer que la joie est en elle-même **créatrice**, elle est une ouverture à l'autre, au monde, une capacité infinie à le comprendre, à le transformer et à partager cette activité de compréhension et de transformation.

● C'est donc lorsqu'un homme est lui-même, à savoir lorsqu'il met en **œuvre son humanité** que sa vie peut devenir joyeuse. Il n'a alors nul besoin de trouver des **substituts** à la joie que sont les éloges, les honneurs ou encore l'argent, car ces derniers ne peuvent que lui cacher ou lui enlever la valeur de ce qu'il fait. Aussi, le grand artiste n'a pas besoin d'éloges (même si le jugement critique peut lui importer). Le **désir de créer** fait tout son bonheur et chacune de ses œuvres constitue une sorte de renouvellement de lui-même et de son regard sur le monde. Il «se sent au-dessus de la gloire, parce qu'il est créateur, parce qu'il le sait» (Bergson, *L'Énergie spirituelle*). On comprend dès lors pourquoi le fait de n'avoir jamais vendu une seule œuvre n'a pas empêché Van Gogh de continuer à peindre jusqu'à la fin de sa vie. C'était sa vie qu'il créait et recréait dans ses œuvres.

8 LE DASEIN (HEIDEGGER)

> Le temps, p. 23

● Selon Heidegger, l'homme est un «**étant**» possédant une relation privilégié avec «l'**être**». Par étant, nous entendons tout ce qui peut exister, à savoir l'espace, la vie, le langage ou encore l'homme lui-même par exemple, et c'est par ce biais que le philosophe souhaite percer les mystères de l'être. L'homme est décrit comme étant un **Dasein**, c'est-à-dire un «être-là», un «être présent», capable d'apporter une réflexion sur la problématique de l'être, et même d'en avoir une compréhension intuitive : chaque être humain sait ce que signifie le verbe être et sait l'utiliser. Toutefois, à la question «qui suis-je ?», saurais-je répondre parfaitement, sans me heurter à la difficulté de me définir clairement en tant qu'être. Là se trouve tout le paradoxe de ce dernier. Par ailleurs, le rapport le plus fondamental à l'être est l'**existence**, et c'est ce lien qui caractérise le plus le Dasein. Ainsi, il a la particularité d'ouvrir sur l'imprévisible et d'être, pour cette raison, fondamentalement «temps» : l'homme ne vit pas dans une réalité uniforme comme un animal emprisonné dans sa nature. Il existe au sens étymologique d'*ex-sistere,* c'est-à-dire se tenir hors de soi. Pour autant, il est vrai que certains hommes «ex-sistent» plus que d'autres, vivent plus pleinement et se projettent plus activement vers un possible à venir.

● Si le travail est pensé comme une condamnation, il apparaît aussi comme un **moyen de libération** de l'homme. Il lui permet, en effet, de produire quelque chose de nouveau : pour Ève, il s'agit d'un enfant et pour Adam, d'œuvres. En effet, derrière la fatalité du travail se cache la possibilité pour l'homme de faire l'histoire et de se réaliser. **Hegel,** à partir de ce que la tradition philosophique a nommé la **dialectique du maître et de l'esclave** illustre en quoi la création d'œuvres libère progressivement les hommes. Si la genèse des rapports humains est celle des rapports de force, la mort apparaît comme le maître suprême. C'est en effet elle qui crée la distinction entre ceux qui la craignent, qui refusent de risquer leur vie dans une lutte à mort, préférant la soumission à la force naturelle, et ceux qui, au contraire, sont prêts à perdre leur vie et devenir alors les maîtres des premiers. Mais le travail auquel va être logiquement soumis un esclave va progressivement renverser les premiers rapports. En effet, si le maître n'a plus à se soucier des contingences liées à la réalité, l'esclave, quant à lui, est obligé d'affronter pleinement son existence et d'élaborer des stratégies pour satisfaire au mieux les attentes de son maître. À cause de cela, il se doit d'être patient, intelligent, pugnace et dévoué à sa tâche. Ce faisant, il se forme, se transforme lui-même alors que son maître ne fait rien, stagne et surtout, ayant perdu le contact avec le réel, subit passivement l'activité de ce dernier. Ainsi, le devenir historique a pour agent véritable l'esclave travailleur et non le maître guerrier. Grâce à son travail, un homme se libère de sa servitude.

GLOSSAIRE DES REPÈRES

Les repères fonctionnent par groupe de mots associés.

A

Absolu/ Relatif: ▪ **Absolu**: sans lien, ce qui existe indépendamment de toute conditio, en dehors de toute relation, qui ne dépend de rien. ▪ **Relatif**: ce qui implique une relation, un rapport (ce qui est relatif à, ce qui a rapport à), ce qui dépend d'autre chose.

Abstrait/ Concret: ▪ **Abstrait**: qualifie ce qui est «tiré» ou «extrait» d'un être ou d'un objet (une propriété, une qualité) par une opération intellectuelle qui permet de l'isoler, de la séparer et de la considérer à part. ▪ **Concret**: qui désigne un être ou un objet réel.

En acte/En puissance: ▪ **En acte**: qui existe effectivement, qui est accompli ou déjà réalisé. ▪ **En puissance**: virtuellement, potentiellement, qui existe à l'état de simple possibilité ou de virtualité.

Analyse/ Synthèse: ▪ **Analyse**: opération intellectuelle par laquelle on décompose un objet en ses éléments constitutifs pour parvenir à sa connaissance. Décomposition d'un tout en ses parties. L'analyse va du complexe au simple. ▪ **Synthèse**: opération intellectuelle par laquelle on réunit en un tout cohérent, structuré et homogène divers éléments. Recomposition ou composition d'un tout à partir de ses parties. La synthèse va donc du simple au complexe.

C

Concept/Image/Métaphore: ▪ **Concept**: idée, abstraction ayant une portée générale, permettant d'approfondir des notions, de les différencier et de les articuler entre elles. ▪ **Image**: (figure de style)elle sert de support pour exprimer une idée neuve, expliciter une idée, que seuls les mots ne peuvent traduire, elle permet donc une meilleure compréhension de l'idée imagée. ▪ **Métaphore**: figure rhétorique qui consiste à désigner une réalité par un terme pouvant correspondre à un autre, en raison d'une analogie entre les deux notions qui autorise une substitution.

Contingent/ Nécessaire: ▪ **Contingent**: ce qui peut être ou ne pas être, ce qui peut arriver ou ne pas arriver (ce dont le contraire n'implique aucune impossibilité ou contradiction). ▪ **Nécessaire**: en philosophie, c'est ce qui ne peut être autrement que tel que cela est (ce dont le contraire est impossible ou implique une contradiction) ; ce qui est inéluctable, qui ne peut pas ne pas se produire (comme le résultat ou l'effet dans un processus physique déterminé).

Croire/Savoir: ▪ **Croire**: estimer véritable ou tenir quelque chose pour vraie en l'absence de garanties parfaitement certaines et objectives (c'est le contraire de « savoir »). Les « croyances » sont l'ensemble des jugements pas, peu ou insuffisamment fondés rationnellement. ▪ **Savoir** : tenir quelque chose pour vraie avec pour garantie objective la connaissance de la chose (en opposition à « croire »). Le savoir suppose des jugements suffisamment fondés rationnellement.

E

Essentiel/Accidentel : ▪ **Essentiel** : ce qui appartient ou est relatif à l'essence, à la nature intime d'une chose ou d'un être, l'essence étant ce qui définit la nature ou l'être d'une chose. ▪ **Accidentel** : ce qui peut appartenir ou ne pas appartenir à une chose ou un être, lui arriver ou ne pas lui arriver. Les modifications superficielles ou les qualités contingentes d'un être sont dites « accidentelles » ou forment ce que l'on appelle en philosophie ses « accidents » (rien à voir avec le sens courant).

Exemple/Preuve : ▪ **Exemple** : personnes ou actes considérés comme un modèle pouvant servir de référence à une conduite ; cas antérieur semblable ou comparable à ce dont il s'agit ; citations ou exemples philosophiques pouvant illustrer une thèse ou un concept. ▪ **Preuve** : ce qui sert à attester qu'un phénomène est vrai (en science notamment), ce qui sert d'exemples probants.

Expliquer/Comprendre : ▪ **Expliquer** : rendre intelligible par la connaissance des causes, selon un raisonnement causal. ▪ **Comprendre** : rendre intelligible par la saisie du sens, de la signification.

F

En fait/En droit : ▪ **En fait** : ce qui est effectif, conforme aux faits observés. ▪ **En droit** : ce qui est légitime ou conforme à la loi, peut être remplacé par légitimement, légalement.

Formel/Matériel : ▪ **Formel** : qui est relatif à la forme. ▪ **Matériel** : qui est relatif au contenu, à l'objet (à « la matière »).

Formel/Matériel (en logique) : le « formel » se dit de la forme logique du raisonnement ; si le raisonnement est correct sur le plan logique, on dit qu'il est « valide » (on parle de « vérité formelle », ou mieux, de validité). La « vérité matérielle » (ou vérité tout court) concerne le « contenu » d'un raisonnement, exemple : l'éléphant est plus grand que l'âne, et ce dernier plus grand que l'hirondelle, donc l'éléphant est plus grand que l'hirondelle.

G

Genre/Espèce/Individu : ▪ **Genre** : division fondée sur un ou plusieurs caractères communs rassemblant un ensemble d'êtres vivants. Concept de classification situé entre la famille et l'espèce, et groupant des espèces très voisines.

■ **Espèce**: division fondée sur un ou plusieurs caractères communs rassemblant un ensemble d'êtres vivants et permettant de les distinguer à l'intérieur d'un même genre. Les individus d'une même espèce sont féconds entre eux, mais ordinairement stériles avec tout individu d'une autre espèce.

■ **Individu**: chaque spécimen vivant d'une espèce animale ou végétale. Le genre animal comprend plusieurs espèces dont l'espèce humaine.

H

Hypothèse/Conséquence/ Conclusion: ■ **Hypothèse**: c'est une possibilité d'explication d'un phénomène scientifique par exemple, on la formule pour la vérifier grâce à l'expérimentation ; dans un sens plus large, l'hypothèse est une supposition, une tentative d'explication. ■ **Conséquence**: ce qui découle d'un phénomène ou d'une proposition. ■ **Conclusion**: conséquence suite à un raisonnement.

I

Idéal/Réel: ■ **Idéal**: modèle de perfection dans un domaine (intellectuel, moral, esthétique) qui sert d'étalon ou de norme pour juger le réel. Au sens courant, l'idéal signifie «ce qu'il y a de mieux» (un appartement idéal) et un but élevé (avoir un idéal politique).

Ce dernier sens est très proche du sens philosophique : l'idéal comme «modèle» de perfection permettant d'orienter l'action.

■ **Réel**: ce qui existe effectivement (et pas seulement à l'état d'idée ou d'idéal). Pour autant, on peut défendre, avec Platon, la thèse d'un réalisme des idées. Les idées (morales, mathématiques, etc.) existeraient alors réellement indépendamment des sujets qui les (re)découvrent.

Identité/Égalité/Différence:

■ **Identité**: ce qui fait qu'une chose est exactement de même nature qu'une autre (en ce sens, équivaut à l'égalité mathématique) ; ensemble de caractères permanents ou fondamentaux spécifiques à un individu ou un groupe d'individus, permettant de les identifier, de les caractériser. ■ **Égalité**: rapport entre les choses (ou quantités) qui sont égales ; principe moral, juridique et politique selon lequel tous les hommes, malgré leurs différences si nombreuses, doivent être considérés comme égaux en dignité (égale dignité ou égalité morale) et égaux en droits (égalité civile, politique et sociale). ■ **Différence**: Ce qui distingue une chose, une personne d'une autre; ce par quoi des êtres ou des choses ne sont pas semblables. Les hommes sont inégaux de fait, il existe des différences physiques (de taille, de force, etc.) des différences de talents, de capacités, des différences de cultures, etc.

Impossible/Possible : ▪ **Impossible** : caractère de ce qui contredit l'ordre logique ou physique. ▪ **Possible** : ce qui peut correspondre à la réalité.

Intuitif/Discursif : ▪ **Intuitif** : qui procède de «l'intuition», c'est-à-dire d'une connaissance directe et immédiate, sans l'aide du raisonnement. On appelle intuition «sensible» la saisie directe du réel ou d'une vérité par «les sens» (permet d'accéder aux «évidences» dites sensibles). L'intuition «rationnelle» ou «intellectuelle» est la saisie immédiate du réel ou d'une vérité par l'intellect ou la raison. ▪ **Discursif** : qui repose sur le raisonnement, qui exige la médiation d'un raisonnement pour être établi ou connu.

L

Légal/Légitime : ▪ **Légal** : ce qui est conforme aux règles juridiques existantes, conforme à la loi ou à la «justice» au sens du droit existant. La légalité d'une action est sa conformité à la règle juridique. ▪ **Légitime** : philosophiquement, c'est ce qui est conforme aux exigences de l'idée de justice, d'équité, de la morale et aussi de la raison.

M

Médiat/Immédiat : ▪ **Médiat** : qui est un intermédiaire ou qui suppose un intermédiaire (le discursif est médiat). ▪ **Immédiat** : sans intermédiaire, directement (l'intuitif est immédiat).

O

Objectif/Subjectif/Intersubjectif : ▪ **Objectif** : qui ne fait pas intervenir d'éléments affectifs ou personnels dans ses jugements, dont les jugements sont fondés «objectivement» : la science (comme ensemble de jugements sur le réel) est dite «objective» en ce sens par opposition aux opinions. ▪ **Subjectif** : 1. se dit de ce qui est individuel, susceptible de varier en fonction de la personnalité de chacun (ne pouvant valoir pour tous). On dit qu'un jugement (ou un propos) est subjectif s'il est influencé par la personnalité du sujet et non de l'objet. ▪ **Intersubjectif** : ce qui est relatif à autrui, l'intersubjectivité suppose que les individus sont capable de prendre en considération la pensée d'autrui pour l'intégrer dans leur propre jugement.

Obligation/Contrainte : ▪ **Obligation** : «lien» morale ou juridique par lequel une personne est tenue/se sent tenue de faire ou de ne pas faire quelque chose ; ce lien prend la forme d'un «devoir» (synonyme d'obligation). ▪ **Contrainte** : violence ou pression, morale ou physique, exercée sur quelqu'un pour le forcer à agir (ou l'en empêcher). L'obligation s'oppose à la contrainte en ne supprimant pas la liberté car elle vient de soi (on se sent obligé) : on obéit librement à l'obligation (puisqu'on pourrait décider de ne pas obéir), mais on cède à la contrainte, «contraint et forcé» (là, on n'a pas le choix). (Problème: les obligations ne sont-elles pas des contraintes intériorisées ?)

Origine/Fondement: ▪ **Origine**: ce qui est à la source, la provenance d'un phénomène, d'une idée, d'une personne, d'un groupe (l'origine de la vie, d'une guerre ou d'un préjugé). ▪ **Fondement**: en philosophie, la recherche du fondement est la recherche du ou des principes (les «raisons» ultimes) sur lesquels on peut faire reposer une thèse, une théorie.

P

Persuader/Convaincre: ▪ **Persuader**: amener (qqn) à croire, à faire, à vouloir quelque chose non par la raison (ou de bonnes «raisons») mais par divers procédés de «persuasion» (sophismes, belles paroles ou éloquence, séduction, etc.). ▪ **Convaincre**: amener (qqn) par de bonnes raisons (par raisonnement, preuves, argumentation rationnelle) à reconnaître la vérité, l'exactitude d'un fait ou sa nécessité.

Principe/Cause/Fin: ▪ **Principe**: ce qui est premier et fondement du reste ; proposition qui sert de fondement ou de point de départ à un raisonnement (je pars du principe que). ▪ **Cause**: ce par quoi une chose existe ou ce qui produit quelque chose (causes antécédentes ou matérielles) ; ce pourquoi on fait quelque chose, la raison, le motif. ▪ **Fin**: but, objectif vers lequel on tend, ce pourquoi on fait quelque chose, la raison, le motif «cause finale»).

Public/Privé: ▪ **Public**: ce qui concerne le peuple, ce qui est relatif à la nation, à l'État. ▪ **Privé**: propre à chaque individu, le public n'y trouve pas sa place, n'y est pas admis.

R

Ressemblance/Analogie: ▪ **Ressemblance**: rapport entre deux ou plusieurs objets ayant certains éléments communs. ▪ **Analogie**: rapport de ressemblance établi par l'intelligence ou l'imagination entre deux ou plusieurs objets différents et connus comme différents. L'analogie s'appuie sur un procédé rationnel établissant une identité de «rapport» entre des termes différents.

T

Théorie/Pratique: ▪ **Théorie**: correspond à un ensemble de propositions cohérentes liées à un domaine déterminé de phénomènes. Elle vise à comprendre, expliquer, interpréter ou prédire des phénomènes. ▪ **Pratique**: activités visant à des résultats concrets, mise en application de manière concrète d'une théorie.

Transcendant/Immanent: ▪ **Transcendant**: ce qui dépasse un certain ordre de réalités, qui est au-delà du domaine où on se place et d'une autre nature, ce qui est radicalement extérieur (on parle en ce sens de la transcendance de Dieu pour affirmer qu'il n'appartient pas au monde, qu'il est d'une tout autre nature ; pour Kant, c'est qui est au-delà de toute expérience possible, et qui échappe donc à toute vérification empirique. ▪ **Immanent** : ce qui est contenu dans un être, inhérent à sa nature, qui résulte de la nature même de cet être.

U

Universel/Particulier/Général/ Singulier : ▪ **Universel** : ce qui vaut pour tous en tout lieu et en tout temps. ▪ **Particulier** : propre à une personne ou une chose, à un seul groupe (un usage particulier d'un peuple ou d'un homme). ▪ **Général** : ce qui s'applique à un ensemble de personnes, de choses (idées générales) ou qui concerne l'ensemble d'un groupe (intérêt général ; grève générale). ▪ **Singulier** : ce qui ne vaut que pour un individu et un seul («single»), ne s'applique qu'à une seule chose, une seule personne.

V

Vrai/Probable/Certain : ▪ **Vrai** : ce qui est en conformité avec le réel. ▪ **Probable** : ce qui a l'apparence de la réalité, ce qui est donc raisonnable de supposer. ▪ **Certain** : qui possède une réalité effective, qui est assuré de se produire.

CHRONOLOGIE DES AUTEURS

	Principaux philosophes	Contexte culturel	Événements politiques
GRÈCE ANTIQUE	**Socrate** (470-399), philosophe grec. **Platon** (428-348), philosophe grec. **Aristote** (384-322), philosophe et physicien grec, précepteur d'Alexandre. **Épicure** (341-270), philosophe grec.	**Pythagore** (570-500), mathématicien, géomètre. **Hippocrate** (vers 460), médecin. En 387 à Athènes, Platon fonde l'Académie (école philosophique). **Euclide** (330-270), géomètre, les *Éléments*.	Au Ve siècle, à Athènes, règne la démocratie. En 399, sous la tyrannie des trente, Socrate est condamné à boire la ciguë. En 323, mort d'Alexandre. Début de la décadence de la Grèce.
EMPIRE ROMAIN	**Lucrèce** (98-55), philosophe latin épicurien. **Cicéron** (106-43), orateur et philosophe latin. **Sénèque** (4 av. J.-C.-65 apr. J.-C.), philosophe stoïcien. **Épictète** (50-130), philosophe grec stoïcien. **Marc Aurèle** (121-180), empereur, philosophe stoïcien.	**Tite-Live** (59 av. J.-C.-17 apr. J.-C.), historien. **Tacite** (55-120), historien.	27 av. J.-C. : avènement de l'empereur Auguste. 14-69 apr. J.-C. : Tibère, Caligula, Claude, Néron. 96-192 : les Antonins, Trajan, Hadrien. 395 : partage de l'Empire.
MOYEN ÂGE	**Saint Thomas d'Aquin** (1225-1275), théologien et philosophe italien. **Guillaume d'Ockham** (?-1349 ?), philosophe anglais.	1253 : à Paris, fondation de la Sorbonne. Fabrication du papier en Europe. Construction des cathédrales.	En 1200, l'université, en France, s'affranchit de la tutelle de l'Église. En 1228, le pape Grégoire IX interdit l'enseignement d'Aristote.
XVe – XVIe SIÈCLE	**Machiavel** (1429-1527), philosophe et penseur politique italien. **Montaigne** (1533-1592), philosophe français. **Bacon** (1561-1626), philosophe anglais.	1440, invention de l'imprimerie. 1450-1455, **Gutenberg** imprime la Bible. 1492, **Christophe Colomb** découvre l'Amérique.	1337-1453 : guerre de Cent Ans. 1429 : Jeanne d'Arc fait sacrer le roi Charles VII à Reims. 1431 : condamnation de Jeanne d'Arc.

Principaux philosophes	Contexte culturel	Événements politiques
XVIᵉ-XVIIᵉ SIÈCLE **Hobbes** (1588-1679), philosophe anglais. **Descartes** (1596-1650), philosophe français. **Pascal** (1623-1662), écrivain et philosophe français. **Locke** (1632-1662), philosophe anglais. **Spinoza** (1637-1677), philosophe hollandais.	**Copernic** (1473-1542), astronome polonais, fait l'hypothèse du mouvement de la Terre et des autres planètes autour du Soleil. **Galilée** (1564-1642), astronome et physicien italien, prouve l'héliocentrisme de Copernic.	Début du XVIᵉ siècle : la Réforme. 1520 : rupture de Luther avec l'Église. 1536 : Calvin s'installe à Genève. 1542-1563 : la Contre-Réforme. 1542 : réorganisation de l'Inquisition.
XVIIᵉ-XVIIIᵉ SIÈCLE **Malebranche** (1638-1715), philosophe français. **Leibniz** (1646-1716), philosophe allemand. **Berkeley** (1685-1753), évêque et philosophe irlandais. **Hume** (1711-1776), philosophe écossais. **Rousseau** (1712-1778), écrivain et philosophe français. **Diderot** (1713-1784), écrivain et philosophe français. **Montesquieu** (1689-1755), philosophe français.	**Newton** (1642-1727), physicien anglais. 1751-1768 : *Encyclopédie*. **Smith** (1723-1790), économiste anglais.	1752 : première condamnation de l'*Encyclopédie*. 1759 : seconde condamnation de l'*Encyclopédie*.
XVIIIᵉ-XIXᵉ SIÈCLE **Kant** (1724-1804), philosophe allemand. **Hegel** (1770-1831), philosophe allemand. **Schopenhauer** (1780-1860), philosophe allemand. **Comte** (1798-1857), philosophe français. **Kierkegaard** (1813-1855), philosophe et théologien danois.	**Malthus** (1766-1834), économiste anglais. **Saint-Simon** (1760-1825), économiste français, socialiste utopiste. **Fourier** (1772-1837), socialiste utopiste français. **Darwin** (1809-1882), biologiste anglais, théoricien de l'évolution.	1789 : ouverture des états généraux (5 mai). Le tiers état se proclame Assemblée nationale (17 juin). Prise de la Bastille (14 juillet).

	Principaux philosophes	Contexte culturel	Événements politiques
XVIIIe–XIXe S.	**Marx** (1818-1883), philosophe allemand. **Tocqueville** (1805-1859), théoricien français. **Durkheim** (1858-1917), sociologue français.	**Claude Bernard** (1813-1878), physiologiste français, initiateur d'une réflexion sur la méthode expérimentale.	
XIXe–XXe SIÈCLE	**Nietzsche** (1844-1900), philosophe allemand. **Husserl** (1859-1938), philosophe allemand. **Bergson** (1859-1942), philosophe français. **Russell** (1872-1970), mathématicien et philosophe anglais. **Bachelard** (1884-1962), philosophe français. **Sartre** (1905-1980), écrivain et philosophe français. **Arendt** (1906-1975), philosophe et spécialiste de théorie politique. **Alain** (1868-1951), philosophe français. **Heidegger** (1889-1976), philosophe allemand. **Popper** (1902-1994), philosophe autrichien. **Merleau-Ponty** (1908-1961), philosophe français. **Levinas** (1905-1995), philosophe né en Lituanie. **Foucault** (1926-1984), philosophe français.	**Freud** (1856-1939), neurologue autrichien, fondateur de la psychanalyse. **Einstein** (1879-1955), physicien allemand naturalisé américain, théoricien de la relativité. **Saussure** (1857-1913), linguiste suisse. **Jakobson** (1896-1982), linguiste russe. **Lacan** (1901-1981), psychiatre et psychanalyste français. **Lévi-Strauss** (1908-2009), anthropologue et ethnologue français.	Révolution de 1848. 24 février 1848 : Louis-Philippe abdique. 18 mars-28 mai 1871 : commune de Paris. 1914-1918 : Première Guerre mondiale. 1917 : Révolution russe. 1939 : Deuxième Guerre mondiale.

N° projet : 10267891
Dépôt légal : janvier 2021
Imprimé en France
en décembre 2020 par Clerc